JN421664

소설 마가

김성우 지음

쿰란출판사

소설 마가

서문

성경을 읽을 때마다 마가는 풍운아처럼 느껴졌습니다.

예루살렘의 부잣집 한량 같으면서도 바울의 선교 여행에 동행할 정도로 인정받은 젊은이가, 선교 여행 도중 바울을 버리고 돌아와 버리는 행동도 서슴지 않습니다. 그런데 훗날 '베드로의 아들'이란 칭호를 얻었을 뿐 아니라, 그로 인해 절친 바나바와 싸우고 헤어질 정도로 그를 싫어했던 바울이 그에 대해 자기에게 꼭 필요한 사람이라고 말합니다. 그리고 알렉산드리아의 마가교회는 제1대 주교로 마가의 이름을 기록해 놓고 있습니다. 또 그는 지금 마가복음의 저자로 우리 곁에 있습니다.

'복음의 시작'이라는 말로 마가복음의 문을 연 그는 내내 유대인이면서 또 유대적이지 않은 모습을 보입니다. 그의 기록 마지막에서는 이 모든 것이 증명되었다고 결론짓습니다.

그러나 이 외에 마가에 대한 기록이나 그 행적에 관해 알려진 바는 없습니다.

당시 그가 어떻게 살았을지 그 궁금증을 조금이나마 해소해 볼 요량으로 전승되어 오는 기록 등을 참조해 이야기를 써보았습니다.

그러나 또 다른 상상을 위해 최대한 함축적으로 전개할 수밖에 없었습니다. 동시에 사실에 대한 확신이 없기에 여백을 많이 남겨둬야 한다는 생각이 들었습니다. 그래서 책 제목을 '소설 마가'라고 했습니다.

시간여행을 통해 마가와 동행하며 그의 영적 변화 과정을 세심히 알고 또 기록하고 싶었지만, 부족한 안목과 글재주에 부끄러움을 느끼게 되었습니다. 그럼에도 마가를 이해하는 데 아주 작은 단서라도 되리라는 마음에 책으로 엮게 되었습니다.

그렇게 마가에 대한 상상에 푹 빠졌던 시간을 나누고자 합니다.

2025년 12월 5일

김성우

차례

같은 동포요 민족인 유대인들이 나를 골목으로 끌고 갔다. 어슴푸레해 서로의 얼굴을 쉬이 알아볼 수 없는 시간에 그들은 나를 에워싸고 인적 드문 곳에 이르렀다. 나는 계속 기도했다.

'예수여, 나에게 용기와 담대함을 주소서.'

마지막으로 그들의 수장이 나에게 질문했다.

"그리스도가 누구냐?"

"예수요." 내가 대답했다.

"예수는 십자가에서 처형당한 이단자가 아니냐?"

"아니오. 그는 유대 민족과 세상의 모든 사람을 구원하기 위해 이 땅에 오신 하나님의 아들이오."

그러자 그들은 흥분하며 돌을 집어 던지기 시작했다. 누구도 말릴 수가 없었다. 순식간에 수십 개의 돌이 날아들었다.

'아, 이제 나도 여기서 마지막이구나!'

나는 그렇게 직감했다. 돌은 계속 날아왔고, 나는 곧 정신을 잃었다. 그 순간 나는 이제껏 볼 수 없었던 빛으로 빨려 들어가기 시작했다. 저항할 수도 없이 나는 어디론가 빛을 따라 지금까지 보지 못했던 세상에 이르렀다.[1]

누군가가 나의 손목을 잡고 나를 어느 문 앞에 데려다주었다. 그가 어떤 신호를 보내자 문이 열렸다. 내 의지와 상관없이 나는 스르르 문 안으로 들어갔다. 문 안에서는 참으로 희한한 광경이 펼쳐지고 있었다. 끝없이 이어지는 꼬부랑길 아래로 방들이 있었다.[2]

각 방에는 깊은 지하방이 있는데, 방마다 무언가로 꽉 채워져 있었다.

나는 꼬부랑길을 가면서 방으로 이루어진 아래를 내려다보았다. 각 방은 한결같이 바닥에서 유황불이 올라오고 있었고, 그곳에 있는 사람들은 모두 서로 아우성을 치고 있었다. 몸이 뱀들에 칭칭 감겨 있는 방, 서로 싸우기에 여념이 없는 방, 끝없는 식탐으로 괴로워하는 방, 돈에 눌려 신음하는 방, 간음으로 성기가 썩어가는 방, 거짓말로 혀가 팔보다 길어져 괴로워하는 방, 우상숭배로 허리가 끊어지도록 굽실거리는 방, 자랑과 교만과 거만함으로 목이 굳어 머리를 뜯고 있는 방, 무엇을 잘못했는지 좋은 옷을 입고 무릎으로만 걷고 있는 방, 성경을 읽으나 그 입에 벌레가 가득해 악취가 나는 방 등 그야말로 아비규환이었다.

두 팔 너비의 길을 걸으며 각 방에서 나를 끌어 내리려 하는 것을 느꼈지만, 무언가가 나를 보호하며 길 아래 방으로 떨어지지 않게 막아주고 있었다.

몇 날 며칠을 걷고 또 걸었다. 어디선가 나를 부르는 소리도 들렸다. 나를 아는 사람도 어느 방엔가 있는 것 같았다. 이런 현실이 너무나 괴로웠다.

순간 저 멀리서 초록색의 빛이 환하게 비치는 것이 보였다. 지금까지 걸은 길은 유황 냄새가 나는 검붉은 세상이었는데, 이 길 마지막에는 빛의 향연이 펼쳐지는 신비스러운 세상이 있을 것임을 알 수 있었다.

몇몇 사람이 나를 마중 나온 것처럼 보였다. 어머니 마리아도 보였고, 세례를 베풀던 요한, 사도 요한의 형 야고보도 보였다. 바나바 삼촌과 바울, 게바, 그리고 많은 낯익은 얼굴이 나를 반겼다.

그들 앞에는 어린 양이 있었는데, 순백의 털로 거룩한 빛을 띠고 있었다. 그 어린 양이 갑자기 사람으로 변했고, 그가 손을 내밀자 그 반가운 사람들이 있는 곳으로 들어가는 통로가 생겼다. 나는 그 빛의 세상으로 들어가 어머니 마리아의 품에 안긴 채 다른 사람들과 손을 맞잡고 인사를 나누었다.

처음에 어린 양의 모습으로 있던 그 사람은 나를 보며 미소짓고 있었다. 마치 나에 대해 모든 것을 알고 있는 듯한 표정이었다. 그가 고운 도포 하나를 나에게 걸쳐주었다. 그 도포는 예수께서 잡히시던 새벽에 내가 잃어버린 것이었다.

가만히 보니, 그는 예수였다. 근심과 수심으로 가득했던 그날 밤의 창백한 얼굴이 아니어서 바로 알아보지 못했던 것이다.

내 도포자락을 내팽개치고 예수를 붙잡는 무리에게서 도망친 것이 마지막이었는데, 지금 그분이 거룩한 빛으로 내 앞에 있었다. 나는 어찌할 바를 모르고 가만히 서 있었다. 예수께서 나를 이끌고 여기저기 구경시켜 주었다.

"마가야! 네가 나를 위해 수고한 것을 내가 잘 안다! 이곳은 아버지가 처음 만든 세상으로, 너의 안식처다. 네가 지나온 유황불 세계에서 본 얽매임 같은 것은 전혀 없는 곳이다. 천사가 너를 수종 들 것이고, 너는 이곳에서 창조주이신 아버지의 모든 것을 느낄 수 있을 것이다. 이곳은 죽음도 없고 모든 것이 풍요로우며, 거룩함과 고귀함만 있다. 모든 사망의 부활이 있기까지 이곳에서 안식을 누리거라."

"저 유황불에 갇혀 있는 사람들은 어찌 되는 것입니까?"

"그것은 네가 알 바 아니다. 아버지께서 그들의 죗값을 치르실 때까지 그들을 그곳에 내버려두실 것이다. 너는 아버지께 기도해라. 그들의 죄가 속히 씻기기를 나도 기도한단다."

이 세상 어떤 푸른 초장보다 더 풍성하면서도 거룩하고 신성한 이곳에서 나는 눈을 감고 지옥의 세상이 닫히기를 기도한다.

I

나는 구브로섬에서 태어났다.[3] 아버지는 배로 여기저기 다니면서 물건을 사고파는 장사꾼이었다. 어머니는 요리 솜씨가 좋아 음식을 만들어 시장에 내다팔며 살림을 꾸려갔다.

이웃집에는 모두 친인척이 살았다. 바나바 삼촌도 이웃에 살고 있었는데, 삼촌은 유대와 시리아, 예루살렘을 자주 방문하여 유대 지역의 사정을 잘 알고 있었다.

바다 남쪽에서 물건을 사다가 바다 북쪽 지방에서 팔고, 또 북쪽 지방에서 물건을 사다가 남쪽 지방에서 팔던 아버지는 계산과 장사에 능했다. 아버지와 거래하는 사람들은 정확하고 빈틈없는 아버지를 전적으로 신뢰했다. 아버지는 이러한 신뢰를 바탕으로 수완을 발휘해 많은 재산을 쌓았다.

나는 종종 아버지가 장사하는 곳에 따라갔다. 어머니는 내가 아버지를 따라다니는 것을 못마땅하게 여겼다. 차라리 바나바 삼촌과 함께 다니며 유대 관습이나 예루살렘의 동정을 살피고 율법을 공부하기를 바랐지만, 나는 아버지를 따라다니며 여기저기서 낯선 문물을 익히고 구경하며 장사하는 것이 좋았다.

"마가야, 이번에 갈릴리 지방 내륙으로 갈 건데 같이 갈래?"

이제 열 살밖에 안 된 나를 데리고 다니는 것을 좋아한 아버지는 은근히 내가 같이 가기를 바라는 눈치였다.

"어린애를 왜 그런 데 데려가려고 합니까?"

어머니는 아버지가 나를 장사하는 데 데리고 가는 것을 말리곤 했다.

"차라리 바나바 삼촌을 따라 예루살렘에 다녀오렴."

그러나 나의 선택은 늘 아버지였다. 예루살렘은 항상 시끄럽고 문제가 많았다. 어린 나이에도 로마군이 예루살렘과 각지에 주둔하면서 사람들을 괴롭히고 횡포를 부리는 것이 싫었다. 이러한 로마군의 횡포에 예루살렘의 유대인들은 늘 반발했고, 한적한 곳에서 이들을 습격하기도 했다.[4]

바나바 삼촌은 이러한 로마에 저항하는 유대인들을 지지하고 있었다. 간혹 바나바 삼촌도 아버지가 장사하는 곳에 우리와 함께 가기도 했는데, 삼촌의 관심은 장사가 아니라 그 지역에 사는 디아스포라 유대인들에게 있었다.[5] 그들의 안부를 묻고 그들의 동향을 살피면서 유대의 독립과 유대인의 화합을 도모하는 일에 더 관심이 많았다. 또 각 지역에 이방 신전이 있었는데, 삼촌은 예루살렘 성전과 그 이방 신전들을 비교하면서 스스로 우월감에 젖어 나에게도 그 사실을 강조하곤 했다. 예루살렘 성전은 당시 어느 신전 못지않게 웅장하고 거대했기 때문이다.[6]

그러나 아버지는 유대인이든 이방인이든 가리지 않고 물건을 사고파는 일에 더 집중했다. 아버지는 모든 사람에게 친절했으며 그들이 원하는 것을 잘 조달해 주었기 때문에 장사하는 사람들은 아버지를 모두 좋아했다. 또 아버지는 지역 이방인들의 신전에도 많은 물건을 팔아 상당한 이윤을 남겼다. 장사하기에는 오히려 신전을 상대하는 것이 훨씬 편했고 수익도 좋았다.

나는 그런 아버지와 삼촌 바나바 사이에서 세상을 돌아다니며 지역 사정을 익히고 지방의 방언이나 로마어, 헬라어 등도 배울 수 있었다.

보통 상인들은 홀로 장사하러 다니지 않는다. 강도나 도적들이 어디서든 출몰할 수 있었기에, 상인들은 대개 행단을 꾸리고 사설 경비를 고용해 대규모로 이동했다. 아버지도 브루기아와 갈라디아 내륙까지 행단을 꾸려 갔다가 안디옥을 거쳐 예루살렘, 그리고 애굽의 알렉산드리아까지 장사를 하러 다니곤 했다.

바닷길도 마찬가지로 해적의 피해를 줄이기 위해 상인들은 함께 모여 사설 경호원을 고용해 선단을 꾸렸다. 사설 경호원들은 주로 로마군에서 퇴역한 헬라인들과 헬라계 유대인들, 그리고 구스인들이었다. 주로 해안가를 중심으로 큰 도시가 발달해 있어서, 선박을 이용해 로마를 비롯한 안디옥, 고린도, 에베소, 다소, 시돈, 두로, 헤롯이 세운 신도시 가이사랴, 애굽까지 장사하러 다녔던 것이다.

내가 태어난 구브로섬은 배를 타고 어디든 쉽게 지중해 지역을 드나들 수 있는 지리적 이점이 있었고, 이러한 지리적 이점은 상업하기 좋은 위치였다.

나는 새로운 곳에 가는 것을 좋아했다. 새로운 문물을 접하는 것이 즐거웠고, 생소한 것에 대한 호기심이 많았다. 그래서 어릴 적부터 친구들과 어울려 구브로섬 해변가 여기저기를 헤집고 다녔고, 열 살 남짓부터는 아버지를 따라다녔던 것이다.

십대 초반에 아버지를 따라 알렉산드리아에 간 적이 있었다. 그곳은 그야말로 별천지였다. 계획된 도시답게 깔끔하게 정돈되어 있었고, 또 거대한 도서관이 있는 지성의 도시였다. 애굽어, 헬라어, 로마어, 히브리어 등 지중해 지역 언어가 난무했고, 모두가 학자처럼 여기저기 모여 토론하며 자기의 학문과 지식을 알리기에 여념이 없었다. 특히 알렉산드리아는 수학이 발달했는데, 그 숫자로 물리적인 것은 물론 알지 못하는 마술적인 것이나 영적인 것까지 풀이하려 했다. 한편, 뒷골목에서는 빨간 등을 켜 놓고 농염한 여인들이 목에 금목걸이를 두르고 예쁜 입술로 남자들을 유혹하고 있었다.

나는 이런 알렉산드리아의 색다른 일상들이 신기했고, 싫지 않았다. 아버지는 여전히 여기저기 상점을 다니며 물건을 주고받고 또 화폐로 교환해 가면서 장사하느라 바빴다.

그러던 어느 날 아버지가 물었다.

"마가야. 너는 무엇이 되고 싶니?"

아버지도 처음부터 장사꾼이 되려고 한 것은 아니었다. 당시 유대인들은 디아스포라로서 공동체 생활을 하면서 유대의 지도자들을 길러내고 속히 메시아가 오길 바라고 있었다. 그들은 율법과 제사를 담당하는 부류와 생활을 담당하는 부류, 그리고 상업을 통해 디아스포라의 경제적인 문제를 담당하는 부류 등 각기 자기 역할이 있었다. 아버지는 본래 율법교사였는데, 우연히 항구에 나가 물건 사고파는 일에 관여했다가 상인들 사이에서 물건 중개를 잘해 사람들의 눈에 띄었다. 그 일로 주위에서 장사를 권하는 바람에 결국 이 일을 하게 된 것이었다. 그러면서 아버지는 발군의 수완으로 금세 지중해 거상으로 성장해 알렉산드리아부터 예루살렘, 에베소, 갈라디아, 아시아, 고린도, 마케도니아, 로마까지 상권을 넓혀 활동하게 되었다. 그러던 차에 아버지는 은근히 알렉산드리아의 지식인들이 부러웠던 것이다.

"저도 아버지처럼 세상을 누비는 사람이 되고 싶어요."

"사람이 세상에 이름을 알리는 방법은 여러 가지가 있단다. 우리 민족 중에는 지도자로서 이름을 날린 모세와 엘리야가 있다. 이방인 중에도 이름난 사람이 많지. 소크라테스, 플라톤, 아리스토텔레스, 피타고라스, 탈레스 등 내가 가는 곳마다 모든 사람이 이들의 행적과 지식을 존경하고 칭송한단다."

"저는 부자가 되고 싶어요. 가난한 지식인은 현실적으로 무의미한 것 같아요."

"허허, 벌써 네가 어른이 다 되었구나. 그래도 세상을 알려고 한다면 기본적인 지식은 쌓아야지. 이곳 알렉산드리아의 모습을 잘 봐두려무나."

"네, 아버지."

그러나 광장 곳곳에 모여 열심히 뭔가 토론하는 그들은 어쩌면 부질없어 보이기도 하고, 현실을 떠나 그저 허공에 열심히 뭔가를 휘두르는 광인처럼 느껴지기도 했다. 일을 마친 아버지를 따라 나는 다시 구브로섬으로 돌아왔다.

구브로섬은 바닷길을 잘 알아야 하고 요새 같은 항구가 있어 해상무역인들이 늘 몰려들었다. 덩달아 해적들도 출몰했지만 상단들이 일정한 금액을 상납하면서 그들은 오히려 상단을 보호해 주는 역할을 했다. 로마군도 마찬가지였다.

어느 날 어머니가 조용히 나를 불렀다.

"요한아!"

보통은 로마식 이름으로 '마가'라고 부르지만, 집에서는 유대식으로 '요한'이라고 부르기도 했다.

"지금 유대에는 광야에 거주하며 이스라엘의 독립과 메시아를 기다리는 단체가 있다고 하더구나. 그들이 여호와께서 새로운 세계를 준비하신다고 말하고 다닌다고도 하고. 죄에 대해서도 우리는 성전에서 제물을 잡아 그 피로 속죄제를 드려야 하는데, 그들은 물로 세례를 준다더구나. 너는 이스라엘의 이러한 변화에 관심이 없니?"

사실 어머니는 내가 이스라엘을 위해 큰일을 하는 지도자가 되어 주기를 바랐다. 그래서 바나바 외삼촌도 예루살렘의 유력자들과 긴밀한 관계를 유지하고, 가말리엘 문하에서 공부하기도 했다. 물론 이런 일에 대한 물질적 후원은 아버지가 장사한 돈으로 가능했다. 유대인들의 물질은 개인만의 것이 아니었다. 적어도 장사한 수익의 십 분의 일 이상을 공동체를 위해 사용해야 했고, 또 그 이상도 스스럼없이 유대 공동체를 위해 내어놓곤 했다. 그리고 어디를 가든 디아스포라 유대인 공동체가 상단들을 보호해 주었고, 유대인들은 회당을 중심으로 매우 결속력이 강했다. 이러한 부분은 장사하는 사람들에게 많은 도움이 되었다.

"어머니, 저는 아버지 일을 돕고, 아버지와 같이 일하는 것이 좋습니다. 율법은 시대에 맞지 않고, 제사장과 각 지파 지도자는 자기들 잇속만 챙기는 것 같습니다."

나는 장사하는 아버지 밑에서 나름대로 사람을 통찰하는 눈을 갖게 되었다. 그리고 세상을 돌아다니면서 세상에 대한 안목도 소유하게 되었다. 그러다 보니 율법에 갇힌 유대 민족이 답답하게 보였으며, 시대에 뒤처진 생각 등이 나와는 맞지 않았다.

"그래, 네 말도 틀리지 않구나. 새 시대가 오면 좋으련만. 하나님께서 우리의 메시아를 언제나 보내주시려나…. 그럼 앞으로 너는 어떤 계획이 있니?"

"시간과 여건이 된다면 알렉산드리아에 가서 공부하고 싶어요. 지난번에 가보니 온 나라 지식인들이 공부를 하고 있고, 책이 어마어마하게 쌓여 있는 도서관도 있었어요. 제가 배움을 얻고 싶은 선생님도 많은 것 같아요."

"무엇을 공부하고 싶은데?"

"수학과 지리, 각국의 언어를 공부하고 싶어요."

"아마도 아버지 일과 연관된 것을 공부하고 싶은가 보구나."

"네. 장사와 돈으로도 우리 민족을 도울 수 있을 겁니다, 아버지처럼요."

"그래, 네 뜻을 알겠다. 그럼 아버지와 상의하고 떠나려무나."

"네, 어머니, 허락해 주셔서 감사해요."

사실 어머니는 나를 곁에 두고 싶어 했다. 그래서 디아스포라로서 유대인을 위한 일을 하기 원했지만, 나는 이미 그런 갇힌 생활은 할 수가 없는 정신 상태가 되어버린 것이다.

아버지는 내 나이 열다섯이 되자 떠나도 된다고 허락하셨다. 이제 집을 떠나 홀로서기를 해야 한다고 생각하니 두려움도 있었지만, 그보다는 새로운 삶에 대한 설렘이 컸다.

소식을 듣고 바나바 삼촌이 찾아왔다.

"알렉산드리아로 떠난다고?"

"네, 삼촌. 아버지가 허락하셨어요."

"어머니가 섭섭하시겠구나."

"이제 아들이 큰 세상으로 나가는 것을 마음으로는 반기실 거예요. 이 섬에, 그리고 유대 민족의 틀에 갇혀 있으면 안 되니까요. 어머니도 이해해 주실 것입니다."

"우리 민족도 해야 할 일이 많은데 아까운 인재 하나를 이방인들에게 빼앗길까 봐 걱정이 되는 거지."

"우리 조상 아브라함과 야곱께서 그랬던 것처럼 집을 떠나 더 큰 하나님의 계획을 이루어야죠."

"그래. 이제 너도 어른이 다 되었구나."

"참, 요즘 유대 지방과 예루살렘 사정은 어때요?"

"여러 지파가 서로 자기 주장만 하며 분열되어 걱정이란다. 그중에서도 광야에서 이상한 조짐이 일어나고 있단다. 그 상황을 알아보기 위해 나도 예루살렘에 들렀다가 광야에 한번 나가보려고 해. 털옷을 입고 메뚜기와 석청을 먹으며 사는 무리가 있는데, 메시아에 대한 예언을 한다고 하더구나."

"메시아가 세상에 오시면 우리 유대가 어찌 될지 궁금하기는 해요. 약속된 메시아가 오시면 다윗 시대처럼 우리 민족이 다시 번영하게 될까요?"

"글쎄다. 지파마다 메시아를 기다리는 것은 동일한데, 메시아에 대한 이상이 각각 다르니 실제 메시아가 온다고 해도 아마 모든 지파가 다 인정하기는 어렵겠지."

"선지자 이사야의 예언이 맞을지도 모르겠어요. 그가 찔림을 당하고 피를 흘려야 한다고 했는데, 이것이 고난당한다는 것을 예언한 것일까요?"[7]

모든 지파가 한마음으로 인정하지 않는 메시아는 고난과 배척을 당하는 것이 당연하다.

바나바 삼촌은 이 말에 적잖게 놀라는 눈치였다. 당시 유대인들이 기대하던 메시아는 다윗과 같은 놀라운 능력을 가진 영웅적인 메시아였기에, 초라하고 볼품없는 메시아에 대한 이사야 선지자의 예언에는 그 누구도 관심을 두지 않았기 때문이다. 바나바 삼촌도 그런 영웅적인 메시아를 기다리는 듯했다.

"글쎄다. 그래서 광야에 한번 나가보려고…."

"삼촌은 우리 민족을 너무나 사랑하시는군요."

"허허. 레위 지파의 피가 어디 가겠니?"

이런 이야기로 삼촌과 며칠의 시간을 보낸 후 나는 알렉산드리아로 떠났다. 알렉산드리아에 도착해 유대인 공동체인 디아스포라 근처의 아버지와 거래하던 집에 묵으며 알렉산드리아 최고의 교육기관인 도서관에 매일 나갔다. 그러면서 만나는 사람도 점점 많아졌다. 이들과 함께 있는 시간만큼 나의 지식과 식견은 높아져 갔다.

이 도시는 알렉산드로스 대왕이 건설하고 수도로 삼은 곳으로, 실용적인 학문과 과학의 중심지였다. 유클리드란 수학자도 여기서 활동했으며, 지리학자이자 천문학자인 에라토스테네스, 태양중심설을 주장한 천문학자 아리스타르고스도 활동했던 그야말로 명망 높은 도시였다. 또 도서관은 세계 각지의 지식을 모아둔 지식의 보고였다. 특히 놀라운 것은 모세오경부터 전체 유대 역사를 헬라어로 번역해 비치하고 있다는 점이었다.

많은 학자가 일목요연하게 정리된 유대 율법 및 여호와와 유대 민족과의 관계를 호기롭게 연구하고 있었다. 여기에 필로라는 유대 율법학자는 철학적으로도 다른 지식인들을 압도하고 있었다. 필로의 영향으로 많은 석학이 유대 율법을 연구하며 유대 역사를 흥미롭게 보고 있었다. 나는 알렉산드리아에 있는 그 자체만으로도 세계를 품은 기분이 들었고, 지식인들과의 교류는 범 세계적인 사고를 하게 했다.

그러나 이러한 나의 생활은 아버지의 갑작스러운 사고 소식으로 금세 끝나고 말았다. 이제 스무 살의 청년이 된 나는 많은 아쉬움을 달래며 이 도시에 꼭 다시 돌아오겠다는 무언의 다짐과 함께 배를 타고 구브로섬으로 향했다.

아버지는 항해 중 폭풍을 만나 상선이 침몰하는 바람에 시신조차 찾을 수 없는 상태였다. 구조된 몇 사람과 선원들의 말에 의하면, 아버지는 마음만 먹으면 자신의 목숨을 구할 수 있었음에도 먼저 다른 사람을 살리기 위해 고군분투하다, 결국 실신해 태풍 속으로 사라졌다고 한다. 가끔 내륙에서 불어오는 바람이 구브로섬에 막혀 그 힘이 응축되면서 구브로산을 넘어 바다로 내리치면 회오리 태풍이 일어나곤 했다. 아버지도 섬에서 자라 이것을 잘 알았을 텐데, 아마 뭔가 중요한 일이 있었던 모양이었다.

어머니는 무척 상심하셨지만 내색하지 않으셨다. 이제 아버지의 일을 정리하든지, 아니면 어머니와 내가 계속 하든지 결정해야 했다. 어머니는 바나바 삼촌을 많이 의지했다. 바나바 삼촌은 어머니에게 모든 것을 정리하고 예루살렘으로 갈 것을 제안했다. 사실 어머니도 늘 예루살렘을 동경하고 있었다. 바나바 삼촌과 어머니는 유대 민족의 메시아가 나타나 로마를 무너뜨림으로 새로운 여호와의 나라가 도래할 것을 믿고 있었다.

그러나 들려오는 소문에 의하면, 그런 기대와 다르게 유대 지방에서는 요한이란 선지자가 광야에 나타나 새로운 관습을 퍼뜨리고 있었다. 그는 이스라엘 백성에게 회개하라고 외치며, 그 회개의 징표로 물로 세례를 받으라고 했다. 그런데 많은 사람이 요한에게 세례를 받으러 광야로 나가는 등 그 기세가 만만치 않았다. 유대의 가장 큰 두 지파인 사두개파와 바리새파 사람들이 이에 위기감을 느끼며 제사장과 서기관 등과 더불어 대책을 마련하고자 했지만,

뾰족한 수가 나오지 않았다. 이스라엘 사람들은 요한을 하나님이 보내신 선지자로 여겼고, 이에 많은 사람이 정결함과 죄 사함을 받기 위해 광야로 나갔다. 본래 죄 사함을 받으려면 성전에서 제물을 바쳐야 하는데, 요한은 물에 들어갔다 나오는 정결의식으로 죄 사함을 받을 수 있다고 하니, 이런저런 이유로 제물을 준비하지 못하는 사람은 모두 요한에게 나아갔다.

예루살렘 성전에서는 오래전부터 제사를 드릴 때 돈을 요구했다. 이러한 성전의 관습에 반감을 가지고 있던 유대인들은 모두 광야의 요한에게로 나아갔다. 또 요한이 메시아가 오면 회개한 자만 구원을 얻는다고 하자, 마음에 찔림이 있고 죄책감이 있는 사람은 모두 요한에게 나아갔다.

이런 상황에서 또 예수라는 사람이 나타나 선지자로 칭함을 받고 있었다. 그런데 그 예수가 요한보다 한 걸음 더 나아가 믿음으로 죄 사함을 받을 수 있다고 하자, 바리새인과 사두개인, 제사장, 서기관 등을 비롯한 유대인 지도자 모임인 산헤드린 공회에서 예수를 이단으로 내몰았다. 유대인에게 죄 사함은 하나님의 주권에 속한 일이었기 때문이다.

그런데 예수도 요한에게 세례를 받아 모두 한 패인 줄 알았는데,

요한이 예수가 자기보다 더 큰 선지자라고 공표를 해버렸다. 그도 그럴 것이 예수는 많은 기적을 일으키고 있었다. 그것은 알렉산드리아에서 시작되어 헬라 전 지역에서 흥행하던 마술이 아니었다. 실제로 죽은 사람을 살리고, 눈먼 사람을 보게 하며, 듣지 못하는 자를 듣게 했기에, 사람들이 구름떼처럼 예수를 따라다니고 있었다. 누군가는 예수를 메시아라고도 했다.

바나바 삼촌도 그때 요한에게 세례도 받고 그의 제자가 되어 새로운 유대 나라의 출현을 기대했다. 그러나 세례 요한이 헤롯왕에게 붙잡혀가고 말았다. 헤롯 가문이 하스몬 왕가에 빌붙어 살다 로마의 환심을 얻어 분봉왕으로 낙점되면서 온갖 비리를 행하자, 세례 요한이 이를 비난했던 것이다. 세례 요한을 눈엣가시처럼 여기던 바리새파 사람들이나 제사장, 산헤드린 공회에서도 요한이 잡혀가도록 은밀히 헤롯을 도왔다.

헤롯은 자기 생일 잔칫날 세례 요한을 처형하고 말았다. 이두매 출신인 헤롯 가문은 권력을 위해 가족 간에도 서로 악한 일을 서슴지 않는 파렴치한 가문이었다. 갈릴리와 예루살렘 지역 분봉 왕 헤롯이 이복동생인 빌립의 아내를 자기 아내로 삼자, 세례 요한이 이를 신랄하게 비판했다. 유대인들의 환심을 사 로마제국의 골칫거리인 유대 지역을 안정시켜야 했던 헤롯은 세례 요한이 자기를 도덕적으로 공격하자 환장할 노릇이었다. 그런 와중에 마침 산헤드린 공회에서도 요한의 제거를 은근히 부추기자, 헤롯은 요한을 선동죄로 체포했던 것이다.

헤롯은 요한을 선지자로 생각해 감옥에 가두어 두었는데, 그의 생일 잔칫날 제수였다가 자기 아내가 된 헤로디아가 꾸민 일로 결국 그를 죽이고 말았다.

요한의 제자들이 그를 장사 지내고, 일부는 예수의 제자가 되었다. 바나바 삼촌은 이러한 과정을 속속들이 알고 있었다. 그리고 지금은 입이 마르도록 예수를 칭송하고 있었다. 여기에 영향을 받은 어머니도 예수를 선지자로 여기고 있는 듯했다.

"마가야. 나는 예루살렘에 가서 살고 싶다. 이방의 땅이 아니라 조상의 땅에서 너와 우리 자손이 살았으면 한다."

아버지가 없으니 어머니는 유대 본향이 그리운 것이었다. 아버지의 장사 수완 덕분에 경제적으로는 부족함이 없었다. 아마 바나바 삼촌에게 예루살렘에 큰 집을 마련해 달라고 부탁하면서 나에게도 이방인 지역에서의 생활을 청산하자고 한 것 같았다.

사실 나는 유대인이라는 것에 속박되고 싶지 않았다. 세상은 넓고, 내가 알지 못하는 문물이 도처에 있기에 어느 한 곳에 매여 있고 싶지 않았다. 아버지는 세상 각지를 누비면서 모든 사람은 하나님 앞에 동등한 인간이라고 늘 말씀하시곤 했다. 사실 이것은 유대 사상과는 동떨어진 것이었다.

"네, 어머니! 어머니가 생각하신 대로 해요."

우선 나는 어머니의 뜻에 따르면서 어차피 앞으로 아버지의 일을 한다고 하면 예루살렘에 거주할 수 없기에 어머니를 배려해야 했다.

음식 솜씨가 좋은 어머니는 예루살렘 남서쪽 언덕 근처에 제법 규모 있는 2층짜리 집을 마련했다. 식당으로 사용할 수 있고, 여관이나 나그네의 임시 거처로도 사용할 수 있는 2층은 1백여 명이 넘는 사람이 들어갈 수 있었고, 아래층은 어머니와 나, 그리고 가까운 친척들만 거주하게 꾸민 가정집이었다. 구브로에서 모든 재산을 정리하고 예루살렘에 온 뒤로 나는 여기저기 기웃거리며 언제 집을 떠날까 궁리하고 있었다.

하루는 어머니가 나를 불러 말했다.

"오늘 중요한 손님들이 오니 2층을 청소하고 식탁과 잠자리를 좀 마련해라. 그리고 시장에 가서 먹을 빵과 포도주도 사 오너라.”

“누가 오는데요?”

“예수라는 선지자가 오늘 우리 집에 묵는다는구나.”

어머니는 오래전부터 선지자 예수의 이야기를 많이 했다. 죽은 사람을 살리고, 나병환자를 고치고, 귀신을 내쫓았다며 세례 요한보다 큰 자라고 했다. 예수의 설교를 들으면서 이상한 체험을 했다고도 했다. 바나바 삼촌 역시 예수를 따라다니면서 그의 설교를 듣고 깊은 감명을 받았으며, 또 나름대로 그에 대한 연구도 했다.

나는 그런 말을 전혀 믿지 않았고, 그 예수를 유대인을 선동하여 로마에 저항하거나 새로운 혁명을 꿈꾸는 무리의 수장 정도로 치부하고 있었다.

나는 예수가 갈릴리 출신임을 알고 있었다. 수십 년 전 갈릴리 지방에서 로마군과 독립을 원하는 유대인 사이에 격렬한 전쟁이 있었다. 이때 승리한 로마군은 갈릴리의 유대인을 참혹하게 응징했다. 그들은 이천 명이 넘는 유대인을 십자가형으로 처형하고 갈릴리 지방을 초토화했다.[8] 이때 로마에 적개심을 품은 유대인이 많았다. 그러나 예수는 갈릴리 나사렛 출신으로서 어릴 때부터 로마와 유대인의 피비린내 나는 전쟁 속에서 자랐을 텐데도, 무력적인 저항과는 거리가 멀었다. 오직 하늘나라 이야기를 하며 사람들을 선동했다.

그런 예수가 우리 집에 온다고 하자, 나는 호기심이 생겼다. 서둘러 2층을 청소하고 식탁을 준비한 뒤 빵과 포도주를 사러 시장에 갔다. 모레부터 유월절이라 거리는 온통 객지에서 온 사람들로 붐볐다. 각 나라 방언이 여기저기서 들렸으나, 단연 화제는 예수라는 사람이었다. 예수의 이름이 유대뿐 아니라 헬라 지방에까지 퍼진 모양이었다.

어머니는 빈 들에서 수많은 사람이 예수의 설교를 듣다 시간이 늦어져 허기졌을 때 예수의 제자들이 나누어준 빵으로 허기를 채웠다고 했다. 그러면서 그 많은 사람이 먹을 수 있는 빵을 도대체 어디서 구했는지 아직도 모르겠다고 했다. 어른만 해도 오천 명이 넘었을 텐데 신기하게도 모든 사람이 허기를 채웠다며 말도 되지 않은 이야기를 하곤 했다. 하나님께서 광야에서 우리 조상에게 만나와 메추라기를 내려주셨던 것과 비교하기도 했다.

그럼 예수가 하나님이란 말인가? 나는 이 기이한 말들이 왜 떠돌고 있는지 알 수가 없었다. 죽은 사람을 살리다니, 오래전 엘리야와 엘리사가 그랬다는 기록은 있지만, 지금 어떻게 그런 일이 있을 수 있단 말인가?[9] 가끔 마술사들이 눈속임으로 죽은 척하는 사람을 살려 사람들의 이목을 끌긴 하지만, 예수가 마술사도 아닌데 어떻게 그런 일이 실제로 일어났다는 것인지 믿을 수가 없었다.

나는 오늘 저녁 그들을 유심히 살펴보기로 작정했다. 바나바 삼촌이 그들을 우리 집으로 안내했다. 그 전에 삼촌이 물동이를 들고 물을 길러 갔다. 남자가 물동이를 가지고 물을 길러 가는 경우는 거의 없다. 물동이는 여자들이 사용하는 것이었고, 남자는 주로 가죽부대를 메고 물을 길러 갔다. 아마도 바나바 삼촌과 그들은 이것을 일종의 암호처럼 사용했을 것이다.[10]

예수는 며칠 예루살렘에 머물러 있으면서 성전에서 소동을 일으키고, 제사장과 바리새인과 서기관들을 힐난하며 나무랐다.[11] 그래서 유대 공회는 예수를 주시하며 해칠 궁리를 하고 있었다. 아마 이들은 예수 무리의 유월절 식사를 방해하고, 그들이 예루살렘에 들어오는 것을 막았을 것이다. 그래서 삼촌과 어머니가 이를 알고 준비를 해주는 것 같았다.

나는 관심 없는 척 심부름하며 그들의 일거수일투족을 지켜보았다. 혹시 무슨 음모를 꾸미거나 마술을 준비하는지도 모를 일이었다.

그들은 식탁에 둘러 앉았다. 물 항아리에 차례대로 손을 씻고 예수라는 사람을 중심으로 자리에 앉아 자기들끼리 수군거렸다. 그러다 예수가 빵을 떼어 그들에게 건네기 시작했다. 제자들은 순식간에 떠들던 것을 멈추고 예수에게 집중했다. 아마도 그들은 이런 일에 익숙한 것 같았다. 예수가 말을 하면 순간적으로 그들은 예수를 바라보며 귀를 기울였다.

예수가 말했다. "이 빵은 내 살이다."

그리고 포도주를 건네며 또 말했다.

"이것은 내 피다. 내 살과 내 피를 먹고 마시는 자는 내가 그 안에 있을 것이고, 그가 내 안에 있을 것이다. 그러나 너희 중 하나가 나를 팔 것이다. 그에게 말한다. '네가 하는 일을 속히 하라.'"

알렉산드리아에서 많은 지식인과 철인을 만나 대화했지만, 오늘 그들이 하는 대화는 전혀 이해할 수 없었다. 예수가 "네가 하는 일을 속히 하라"라는 말에 조금 전 어머니에게 방값을 지불했던 사람이 집을 빠져나갔다. 아마도 물건을 사러 가는 듯했다. 그 후에도 그들은 무언가 이야기를 주고받으며 한참이나 대화를 이어갔다.

그러다 그들은 우루루 집을 나갔다. 감람산으로 가고 있었다. 나는 조금 더 그들의 행동을 살펴볼 요량으로 뒤를 따라갔다. 가는 도중에 목소리가 걸걸한 어떤 사람이 자기는 주님을 떠나지 않겠다고 소리쳤다. 그러자 예수는 새벽에 닭이 두 번 울기 전 그가 자기를 세 번이나 모른다고 할 것이라고 말했다. 그는 그럴 리가 없다고 완강히 부인했지만, 예수는 아무 말 없이 가던 길을 계속 갔다.

그리고 나는 집으로 돌아왔다. 밤이 깊었고, 졸리기도 했다. 그들이 집을 나가자 집이 고요해졌다. 어머니는 그 일행을 다시 기다리는지 조용히 명상하며 앉아 있었다. 나는 옷을 갈아 입고 망토를 몸에 두른 후 잠자리에 들었다. 그리고 그들의 정체를 알 수가 없었기에 더는 관심을 갖지 않기로 했다.

얼마 후 갑자기 밖이 시끄러웠다. 어머니가 다급히 나를 깨웠다. 예수라는 사람이 지금 대제사장 가야바 일행에게 잡혀갔다는 것이다. 우리 집 손님이니 따라가 동향을 살피고 다시 데려오라고 했다. 나는 망토만 걸친 채 집을 나섰다. 예수 일행을 금세 다시 집으로 데려올 수 있을 줄 알았기 때문이다.

그러나 밖은 생각보다 더 소란스러웠다. 은밀히 돈을 건네 받는 로마 군인들도 보이고, 제사장의 식솔들과 성전 경비병들도 분주하게 움직이며 뭔가 큰일이 난 것처럼 보였다. 일반 사람들은 보이지 않고, 제사장들과 그 추종자들, 유대 장로들과 지도자들만 보였다. 낮에는 많은 사람이 따르는 예수를 잡아가는 것이 부담스러워 이 밤에 이런 일을 하는 것 같았다.

로마에 붙어 자기들의 기득권을 유지하는 데 혈안이 된 세력은 예수가 '유대인의 왕' 또는 '하나님 아들'이란 소문이 퍼지는 것을 두려워했다. 예수로 인해 자기들이 로마의 탄압을 받고 기득권을 잃어버릴까 염려했기 때문이다. 그들은 예수는 왕이 아니며, 다윗과 같이 이스라엘을 구원할 메시아도 아니라고 예루살렘 군중에게 알리고 선전했다. 예수를 이용해 무장봉기를 일으키려던 세력도 예수가 평화를 주장하며 모든 사람을 사랑해야 한다고 가르치자 예수와 단절하고 말았다.

예수는 저녁 만찬 후 제자들과 감람산에서 기도하고 내려오다 제사장과 서기관들과 그 추종자들에게 붙잡히고 말았다. 물건을 사러 간 줄 알았던 예수의 제자가 이 무리를 이끌고 온 듯했다. 대부분의 제자가 겁을 먹고 뿔뿔이 흩어졌고, 그중 두세 사람이 예수의 동정을 살피며 멀찍이 따라가고 있었다.

가야바라는 대제사장에게 끌려간 예수는 여러 질문을 받고 심문을 당했다. 그러나 예수는 말이 없었다. 그리고 얼굴은 평온했다. 마치 이런 일이 일어날 것을 다 알고 있었다는 듯한 얼굴이었다. 오히려 호통치고 분을 내는 것은 예수를 잡아간 사람들이었다.

주위에 예수의 제자 중 몇 명이 보였는데, 그들은 모두 자기들의 신분을 숨기는 듯했다. 밤이 깊어지면서 쌀쌀해졌다. 제자 중 한 사람이 모닥불에 가까이 다가갔다. 한 제사장의 여종이 그를 알아보고 "너도 나사렛 예수와 함께 있었도다"라고 말하자, 그는 아니라고 부인했다. 잠시 후 또 다른 사람이 그를 보고 "너는 갈릴리 사람이 아니냐? 너도 예수와 한패다" 하고 옷을 붙잡자, 그는 재차 부인하며 일어섰다.[12] 제사장의 여종이 따라가며 다시 묻자, 그는 손을 휘저으며 무리에서 벗어났다. 그 순간 닭이 울었다. 닭 우는 소리에 그가 예수를 돌아보자, 예수도 그를 돌아보았다. 무척 당황한 그 제자는 침통한 표정으로 황급히 대문 밖으로 뛰쳐나갔다.

저녁 식사 때 그들이 나누었던 대화가 생각나, 순간 뒤통수를 한 대 맞은 것처럼 멍하니 서 있는데 어떤 장정이 다가와 나를 붙잡았다.

"너도 예수와 한패 아니냐?"

나는 얼른 아니라고 소리치고 냅다 도망쳤다. 그가 내 망토를 붙잡고 있는 바람에 나는 망토까지 버리고 알몸으로 도망쳤다.

집에 돌아와 옷을 걸쳐 입었다. 어머니와 바나바 삼촌이 나를 무척이나 기다린 눈치였다.

“예수님은 어떻게 되었니?”

“제사장의 심문을 받으며 잡혀 있어요.”

“풀려날 기미는 없고?”

“자세히는 모르겠지만 풀려날 것 같지는 않아요.”

“왜?”

“그들은 예수를 제거하려고 단단히 준비를 한 것 같아요. 신성모독 죄로 단정하고, 그가 스스로 유대인의 왕이라고 했다며 반역죄로 로마 당국에 고발할 거라고 하던데요.”

바나바 삼촌은 유대 율법을 공부한 터라, 그들이 신성모독 죄로 단정했다면 살려주지 않을 것이라고 했다. 그러나 자기들이 예수를 죽이면 예루살렘 군중이 폭동을 일으킬 것이기에, 로마의 힘을 빌려 그를 십자가형에 처하게 할 것이라고 했다.

바나바 삼촌은 유대 민족의 독립과 자유를 위해 청년 시절을 보냈다. 그러면서 율법과 유대 관습과 탈무드 등을 공부하며 유대 기득권층과도 친분을 쌓았다. 그러나 그들이 로마와 야합하자 광야의 세례자 요한에게 갔던 것이다. 요한이 죽자 이제는 예수를 추종하며 혹시 그가 메시아가 아닌가 했지만, 그도 곧 죽을 처지에 놓인 것이다. '이스라엘의 회복은 이제 영영 끝인가? 야훼 하나님은 왜 모세나 다윗 같은 지도자를 보내주시지 않는가?' 바나바 삼촌은 실망한 표정이 역력했다. 어머니는 아버지가 돌아가신 후 예수의 설교에 많은 위안을 얻고 감명을 받은 터라, 내심 그를 깊이 추종하고 있었다.

나는 방으로 들어와 잠을 청했다. 그런데 자꾸만 예수의 말이 떠올랐다.

"오늘 밤 닭이 두 번 울기 전에 네가 나를 세 번 부인하리라."

그 제자는 그런 일은 절대 없을 것이라고 장담했지만, 정작 현장에서는 예수를 부인하고 말았다. 예수는 그 사실을 어떻게 알았을까? 나는 분명 예수와 그 제자의 대화를 들었다. 그리고 실제로 그가 예수를 세 번이나 모른다고 했고, 그 후 닭이 울었다. 도대체 이것을 어떻게 이해해야 할까? 나는 저녁에 있었던 폭풍 같은 일로 밤새 뒤척이다 겨우 잠이 들었다.

날이 밝자 예루살렘에는 큰 소동이 일어나고 있었다. 어머니와 바나바 삼촌은 두려움에 사로잡힌 예수의 제자들에게 2층을 내주고 밖으로 나간 모양이었다. 나는 그냥 집에 머물러 있으면서 가끔 2층의 제자들이 무엇을 하는지 살펴보았다. 그들은 자기들도 잡혀갈 수 있다는 불안감에 서로 얼굴을 마주 보며 말없이 앉아 있었다.

오전 9시쯤 갑자기 밖에서 군중이 외치는 소리가 들렸다.

"바라바…! 바라바…! 십자가…! 십자가…!"

무슨 영문인지는 알 수 없었지만, 뭔가 사단이 난 건 분명했다. 어머니도, 삼촌도 집에 들어오지 않아 밖의 사정은 궁금했지만, 나는 집에서 나가지 않았다.

정오부터 세 시까지 갑자기 먹구름이 해를 가렸는지 하늘이 캄캄해졌다. 덩달아 내 기분도 침울해졌다. 그러면서도 이제 뭔가 새로운 것이 시작될 것이라는 생각이 밀려들었다. 이유는 알 수 없었다.

잠시 후 어머니가 돌아오셨다. 어머니는 얼굴이 부어 있었다. 많이 우신 듯했다. 결국 예수님이 십자가에 처형당했다고 했다. 어제 저녁 우리 집에서의 식사가 마지막 식사였다고 했다. 어떻게 이런 일이 이렇게 갑자기 일어날 수 있단 말인가? 오히려 내가 정신을 차릴 수가 없었다.

어제 저녁 예수는 빵과 포도주를 제자들에게 건네며 자신의 살과 피라고 했다. 그리고 그들의 발을 씻어준 것이 마지막이었다. 이 모든 것을 예수는 예견했던 것인가? 소크라테스도 사상과 자유에 대한 헌신으로 갑자기 독배를 마시고 죽어버렸다. 그리고 그것이 그를 위대하게 했다. 예수도 그런 것인가?

그러나 예수는 헬레니즘의 철학자들과는 분명 구별되었다. 그에게는 알렉산드리아에서 내가 공부했던 철학자들과는 다른 묘한 분위기가 있었다. 나는 그에 대해 궁금증이 생기기도 했지만, 그가 죽은 이상 앞으로 어떤 일이 일어나는지는 두고 보아야 한다고 생각했다. 만약 예수가 거짓 선지자였다면 이것으로 끝일 테고, 자기가 말한 대로 하나님의 아들이라면 뭔가 일이 일어나 연속될 것이라고 생각했기 때문이다.

"마가야, 2층에 가서 사람들을 좀 살펴보고 와라."

어머니는 마치 넋 나간 사람처럼 있다가 예수의 제자들이 걱정되었는지 나에게 심부름을 시키면서 아무도 집에 들어오지 못하게 문단속을 시켰다.

나는 하루라도 빨리 답답한 예루살렘을 떠나고 싶었다. 당시 헬레니즘 사상에 물들어 있던 나는 유대인들의 사고에 갇히는 것이 싫었다. 독선과 아집, 그리고 긴 세월 동안 자유를 잃은 데서 생긴 외부에 대한 공격성과 배타적인 행위로 인해 나는 유대의 중심지 예루살렘에 있는 것이 답답했다. 자기들의 기득권을 유지하기 위해 예수를 신성모독 죄와 로마에 대한 반역죄로 몰아 로마의 권력을 이용해 제거하는 정치적인 술수도 지켜보기 힘들었다.

나는 상인으로 살고 싶었다. 상인들은 이런 고립된 사고를 하면 안 된다. 나는 아버지를 따라다니면서 상인들의 개방성과 포용성, 정직함과 신뢰 등이 그들의 자산임을 알게 되었다. 알렉산드리아에서도 지식인들 사이에서 상대방에 대한 관용과 다양성을 인정하는 태도는 불문율이었다. 다르다고 할지언정 틀리다고는 할 수 없는 것이 지성인의 태도였다. 그런데 예루살렘은 하나님의 율법으로 경직되어 하나님을 몰아내고 있었다. 그들에게는 오래된 관습과 전통이 하나님보다 더 중요했다.

안식일이 지나고 집이 다시 소란스러웠다. 예수가 살아났다는 것이었다. 삼촌과 어머니가 상기된 얼굴로 내 방에 들어왔다.

“마가야, 예수님이 살아났대!”

“그게 무슨 말이에요?”

"예수님이 십자가에서 죽는 것을 내가 똑똑히 봤는데, 그 시체가 없어졌다고 하는구나."

"누군가가 속이는 거겠죠."

요즘 어느 곳에서나 마술이 유행하고 있었다. 마술은 아주 고차원적인 행위로 사람들을 속이고 현혹해 돈을 벌어들이는 하나의 수단이 되고 있었다. 개인적으로 나는 알렉산드리아에서 마술의 원리에 대해 좀 배운 것도 있었다. 속임수로 사람을 죽였다 살렸다 하는 것은 마술의 기본이었다.

"우리 집에서 제자들의 시중을 들던 여자 둘이 살아난 예수를 봤다더라. 어떻게 된 일인지 혼란스러워 정신이 없구나. 지금 예루살렘은 발칵 뒤집혔어. 제사장과 서기관들이 사람들을 시켜 예수의 추종자들이 그 시체를 훔쳐 갔다고 소문을 퍼뜨리고 있단다."

"삼촌도 예수가 살아났다는 말을 믿으세요?"

"아침 일찍 두 여자가 예수의 무덤에 갔다가 빈 무덤을 보고 놀라서 돌아오다 예수를 봤단다. 그리고 2층에 있는 제자들에게 알리고 혼절했다더라. 그 말을 들은 제자 둘이 무덤에 가서 빈 무덤을 확인하고 왔다는구나. 아무래도 내가 직접 시내에 나가 어찌 된 영문인지 알아봐야겠다."

시내에 갔다가 돌아온 삼촌은 한동안 말이 없었다. 그러다 문득 혼잣말로 중얼거렸다.

"분명 예수의 무덤은 아무리 힘센 장정이라도 혼자서는 옮길 수 없는 큰 바위로 막았다고 했는데…. 그리고 로마군이 무덤을 봉인하고 지키고 있었다고 했는데…."

삼촌이 확인한 바에 의하면, 무덤을 지키는 군인들은 어디론가 사라져 버리고, 무덤의 돌문은 옮겨져 있었으며, 무덤은 비어 있었다. 그리고 당황한 제사장과 서기관들, 유대 지도자들은 누군가가 예수의 시체를 훔쳐 갔다고 소문내고 있었다. 바나바 삼촌은 이런 일은 사람에게 일어날 수 있는 일이 아니라고 생각하는 것 같았다. '예수는 어디로 사라졌는가? 정말 죽었다 스스로 살아난 것인가? 사실 그는 생전에 죽은 회당장의 딸과 나사로를 살리기도 했다. 그렇다면 그는 정말 메시아인가?' 삼촌은 이런저런 생각에 빠져 지금 일어난 일이 믿기지 않는 얼굴이었다.

나는 세상을 돌아다니며 기이한 일을 많이 보았다. 그중에는 마술사들의 교묘한 눈속임이 많았다. 처음에는 예수에 대해서도 그런 것이려니 생각했다. 그런데 그가 직접 십자가에 달리고 무덤에서 다시 살아난 것은 마술이 아닌 것 같았다.

나는 이곳을 떠나고 싶었다. 답답하고 현실성 없는 이곳이 싫었다. 나는 바나바 삼촌에게 구브로로 다시 돌아가겠다고 말했다.

"네 어머니가 좋아하지 않을 텐데…."

"그러시겠죠. 아버지를 잃은 곳에 저를 다시 보내고 싶겠어요? 그런데 이곳 예루살렘은 답답해서 못 살겠어요."

"어머니에게 말씀은 드렸니?"

"아니오."

"그러면 내가 일단 너를 구브로에 심부름 보낸다고 네 어머니에게 말해놓으마. 너는 구브로에 가서 내 밭을 좀 팔고 오너라. 좋은 위치에 있으니 아마 금방 팔릴 거다. 간 김에 구브로 사정도 좀 살펴보고…."

"네, 삼촌. 심부름도 하고, 아버지 옛 친구분들도 찾아뵙고 올게요."

사실 바나바 삼촌은 고정적인 수입이 없었다. 그렇다고 누이인 어머니에게 계속 손을 벌릴 수는 없으니, 구브로에 있는 땅을 팔기로 한 모양이었다.

바나바 삼촌이 어머니에게 미리 말해놓았는지, 구브로로 떠나는 날 어머니는 이것저것 챙겨주셨다.

"조심해서 다녀오거라."

나는 가이사랴에 가서 배를 타고 구브로로 향했다. 벌써 마음은 자유를 느끼고 있었다. 배에 부딪치는 파도는 내 심장을 요동치게 했다. 아버지와 배를 타고 로마에서부터 알렉산드리아까지 누비던 일들이 눈앞에 펼쳐지는 것 같았다. 이 바다에서 동쪽으로 나가면 북쪽 끝에 서바나가 있고, 남쪽 끝에는 아프리카가 있었다. 아버지는 구브로에서 근거리 물품 교역을 했지만, 나는 곳곳을 누비고 싶었다.

구브로에는 북쪽 항구와 남쪽 항구가 있었다. 아버지의 활동 무대는 남쪽 항구였고, 옛집도 그곳에 있었다. 나는 구브로에 도착해서 아버지의 옛 동료들을 만나 인사를 드리고 이곳 동향을 살폈다. 삼촌의 밭을 팔기 위해 중개상도 만났다.

이곳 사람들은 딱히 하는 일 없이 하루하루 일거리를 찾아 지내고 있었다. 항구를 이용하는 상인이 줄어 일거리가 줄어든 것이다. 아버지가 살아 있을 때는 그래도 생기 있던 항구의 분위기가 지금은 많이 가라앉은 것처럼 보였다. 나는 어릴 적 뛰어 놀던 곳과 아버지와 항구를 오가며 나누었던 바다 건너 이야기 등을 회상하며 아버지가 하던 일을 다시 일으키겠다고 다짐했다.

내가 있을 곳은 예루살렘이 아니라, 미지의 세상을 향해 나아가는 이곳이었다. 아버지와 새로운 곳에 발을 들여놓을 때마다 그 설렘과 새로운 광경은 늘 나를 꿈꾸게 했다.

내가 다시 아버지의 일을 하겠다고 했을 때 항구에 있던 사람들이 삽시간에 그 소문을 듣고 나를 찾아왔다.

"정말로 네가 그 일을 다시 하겠다는 거냐?"

"네. 배를 다시 건조하고, 항구도 새로 정비하고, 뱃사람들도 모아야겠습니다. 같이 하시죠."

"그럼, 그래야지! 네 아버지가 우리에게 얼마나 잘해 주었는데…. 네가 그 일을 한다면 우리는 얼마든지 기꺼이 도우마."

"알겠습니다. 제가 예루살렘에 가서 일을 좀 정리하고 다시 돌아오겠습니다. 그동안 다시 일할 준비를 하고 계시면 좋겠습니다."

예루살렘으로 돌아와 삼촌에게 밭을 판 돈을 건넸다. 그동안 삼촌은 새로운 유대 종파에 푹 빠진 모양이었다. 얼핏 무언가에 홀린 사람처럼 보였다. 삼촌은 마치 세상을 초월한 수도자처럼 부드럽고

침착하며 온화한 사람이 되어 있었다. 청년 시절 혈기를 앞세우며 로마에 맞서려고 했던 모습은 전혀 찾아볼 수 없었다. 그런 삼촌의 인간적인 모습은 예전보다 훨씬 좋았다. 그러나 자꾸 현실성 없는 뜬구름 잡는 소리를 하는 것은 좀 한심해 보였다. 삼촌은 예수에 대한 믿음으로 우리 유대 민족이 구원받는다고 했다. 예수가 메시아라는 것이다. 대체 그 몇 개월 사이에 무슨 일이 있었던 것일까?

나는 어머니에게 구브로로 돌아가 아버지 일을 다시 하겠다고 조용히 말씀드렸다. 어머니는 말없이 나를 물끄러미 바라보았다.

"네 얼굴에서 네 아버지 젊었을 때 얼굴이 보이는구나. 네 아버지는 배를 타고 산과 들을 누벼야 직성이 풀린다고 했는데, 지금 너도 그런 심정이냐?"

"네, 어머니."

"그렇다면 말릴 수가 없구나. 내가 무엇을 해주면 되겠니?"

"배를 건조하고 초기 물품을 구입할 자금이 좀 필요해요."

"그래, 알았다. 아버지가 남겨놓은 자금이 있는데 그것을 내어주마. 네 아버지가 이런 일을 이미 예견했던 것 같구나. 훗날 너에게 주라고 조금씩 모아둔 돈이 있단다. 아버지 부탁이라 그 돈은 그대로 보관하고 있었지. 그 돈이면 충분할 거다."

아버지는 무일푼으로 일을 시작했는데, 나는 아버지의 도움으로 조금은 쉽게 일을 시작하게 되었다.

어머니는 2층 다락방을 아예 예수당으로 불리는 예수의 제자들과 그 추종자들에게 내주고 있었다. 예수가 십자가에 처형될 때 도망가고 벌벌 떨며 숨어 있던 제자들이 지금은 당당하게 유대 지도자들과 맞서고 있었다. 또 이제는 무력으로 로마에 저항하는 것이 아니라, 자기들만의 공동체를 형성해 병자와 가난한 자를 돌보며 독특한 문화를 만들어가는 방식으로 어려움을 헤쳐나가고 있었다. 바나바 삼촌 역시 이전의 무력적인 방법을 앞세우던 방식을 버리고 이들 공동체에 들어가 구브로의 밭을 판 돈까지 내어놓은 것 같았다.[13]

어머니도 물심양면으로 예수의 제자들과 그 공동체를 도왔다.

"마가야, 네 아버지도 가난하고 불쌍한 사람들을 그냥 지나치지 못했단다. 아버지 유산을 이렇게라도 사용하면 네 아버지도 기뻐하지 않겠니?"

"어머니가 그렇게 생각하신다면, 어머니 뜻대로 하세요."

"그리고 요즘 일어나고 있는 일들을 너는 어떻게 생각하니?"

"글쎄요, 예전 같은 분위기는 아닌 듯해요."

"너도 최근 우리 집에서 일어난 일에 대해 듣지 않았니?"

사실 나도 우리 집 2층 다락방에 다시 살아난 예수가 다녀갔고, 또 기도 중에 이상한 회오리바람이 불어와 사람을 휘감더니 사람들이 이상한 소리로 기도했다는 이야기를 들었다.[14] 그러나 나는 그것이 너무 마술적이고 비현실적인 이야기라 그냥 흘려듣고 말았다.

"네, 근데 저는 그런 일에 관심이 없어요. 예수가 다시 살아났다는 것도 믿을 수가 없고요."

사실 나의 관심은 온통 아버지 일을 다시 시작하는 데 집중되어 있었다. 그리고 예수는 단지 알렉산드리아에서 무수히 봤던 지식인이나 마술사 또는 유대의 선지자 중 하나일 것이라고 생각했다.

나는 구브로로 돌아왔다. 일자리가 있다는 소문을 듣고 모인 사람들이 나를 기다리고 있었다. 우선 나는 배를 건조했다. 목재는 육지에서 조달했다. 육지에서 나무를 가져올 때 몇 개월에 걸쳐 바닷물에 잠기기도 하고 강한 햇빛에 노출되기도 해서 나무는 저절로 단단해졌다. 기술자는 많았다. 옛날부터 이 섬에는 목공일과 배 만드는 일을 하는 사람이 많았기에 그 후손들은 당연히 그 일을 이어받았을 뿐 아니라, 선조들보다 개량된 기술을 가지고 있었다.

아버지 때보다 더 크고 단단한 배를 만들어야 했다. 나는 이제 전에 가보지 않은 곳까지도 가보고 싶었다. 육로는 여러 한계가 있지만, 해로는 튼튼한 배만 있으면 많은 짐을 싣고 어디든 이동할 수 있었다. 또 태풍에도 견딜 수 있도록 배 건조에 더 신경을 써야 했다. 가끔 짐을 가득 실은 아버지의 배가 침몰하는 장면이 그려지면, 나는 머리를 흔들며 애써 그 장면을 지웠다.

이제 어느 정도 준비가 되었다. 앞서 아버지의 사고 경험이 있었기에 나는 모든 것을 준비하는 데 좀더 체계적이고 계획적이어야 했다. 배를 운용하는 일에 전문가를 고용하고, 육로를 안내하는 일도 각 지방의 사정을 잘 아는 사람에게 맡겼다.

어느 날 시돈에 들렀다. 도시 분위가 사뭇 진지했다. 시민들뿐 아니라 상인들도 분봉 왕 헤롯에게 불만이 많았다. 시돈과 같은 지중해 해안 도시들은 예로부터 무역으로 번성했기에 식량이 절대적으로 부족했는데, 헤롯이 내륙의 식량을 지중해 도시에 공급하는 것을 막았기 때문이다. 헤롯은 시돈의 부자들이 자기 일에 사사건건 간섭하는 것이 못마땅했던 것이다. 시돈 사람들은 돈이 있어도 식량을 구할 수 없는 처지였다. 할 수 없이 그들은 로마를 거쳐 더 깊은 내륙에서 식량을 구할 수밖에 없었다. 당연히 곡물 등은 매우 높은 가격에 거래되었다.

그런 상황에서 시돈에서 큰 행사가 열렸다. 로마인들이 경기장에서 격투기 등 전통적인 경기를 개최했고, 헤롯왕도 이 자리에 참석했다. 이 사실을 미리 알고 시돈의 거부들이 모여 작당을 했다. 이 기회에 헤롯을 암살하기로 한 것이다.

그들은 우선 헤롯의 기분을 맞추어주며 분위기를 돋웠다. 헤롯의 개회사에 환호를 보내고, 화려한 은색 도포를 걸친 헤롯을 칭송했다. 그날 저녁 연회장에서 헤롯은 너무나 기분이 좋았다. 그리고 그들은 헤롯의 측근들을 돈으로 매수했다. 그래서 헤롯이 좋아하는 포도주에 물을 적게 넣음으로 독하게 만들어 헤롯이 마시고 금세 취하게 했다. 그리고 헤롯이 좋아하는 잘 구운 곤충에 독을 넣어 헤롯에게 먹게 했다. 자기도 모르게 독을 먹은 헤롯은 시름시름 앓다가 죽었다. 시돈 사람들은 헤롯이 신의 벌을 받아 벌레에 먹혀 죽었다고 소문을 냈다.[15]

이렇게 지방마다 그 도시의 분위기를 해치면 무슨 일이 일어날

지 알 수 없었다.

로마 당국은 헤롯의 죽음을 별로 신경 쓰지 않는 눈치였다. 만약 로마에서 파견된 총독이 그렇게 죽었다면 아마 그 도시는 초토화되었을 것이다. 로마는 자기들의 권력에 도전하는 것을 절대로 용납하지 않았다. 그러면서도 자치권을 인정했으며, 분봉 왕의 죽음은 자기들의 일이 아니었다.

나는 덕분에 식량을 싸게 구입할 수 있는 곳을 알게 되었다. 흑해 지역은 페니키아 상인들이 주도권을 쥐고 있어서 반대편 로마 반도 깊숙이 들어가면 곡물을 싸게 구할 수 있었다. 각종 생필품이나 수공업 제품, 귀금속 등을 가져가면 넉넉히 식량과 바꾸어 올 수 있었다. 단, 그곳은 갯벌 지역이라 물길을 잘 알아야 했다. 아무도 관심을 갖지 않는 버려진 땅인 그곳을 사람들은 베네토 지역이라고 했다. 나는 갑자기 가슴이 뜨거워졌다. 이곳 황무지 갯벌로 이루어진 섬들이 나와 특별한 관계가 될 것만 같았다.

이제 나의 무역 사업은 어느 정도 안정되기 시작했다. 나는 물건이 넘치는 지역에서 그 물건을 싸게 사서 부족한 지역에 공급하는 수요와 공급의 원리를 최대한 이용했다.

그런데 각 지역 유대인 공동체에서 최근 이상한 조짐이 나타나고 있었다. 예수를 메시아, 즉 그리스도라고 하는 무리가 헬라 지역에 흩어져 있는 디아스포라 유대인 회당에 나타나 예수를 믿으라고 권하는 것이었다. 유대인들은 하나님께 나아가려면 반드시 속죄제를 통해 정결의식을 치러야 한다. 그런데 이들은 예수를 믿음으로 죄 사함을 받는다고 가르치고, 심지어 예수를 하나님의 아들이라고 칭했다. 예수가 하나님의 아들이라면 곧 하나님과 동격이 아닌가? 이는 유대 사회에서는 참으로 위험한 발상이었다. 로마 황제도 우상이라고 도외시하고, 동전에 가이사 얼굴을 그려 넣는 것도 반대하는 유대 사회에서는 하나님 외에 어떤 것도 신격화될 수 없었다. 그런데 예수를 신격화하고 있으니, 분명 또다시 한바탕 유대인들의 소란이 일어날 것 같았다.

바리새파로 불리던 율법학자들과 제사장 무리인 사두개파, 그리고 서기관들과 이들의 모임인 산헤드린 공회에서 이들을 주시하고 있었다. 예수가 없어졌으니 이제 그들이 잠잠해지기만을 기다리고 있었다. 이전에도 자칭 메시아라는 사람과 이를 따르던 무리가 종종 있었다. 그러나 그가 죽든지 사라지면 그들은 금방 흩어지곤 했던 것이다. 요단강에서 세례를 주던 요한도 헤롯에게 죽임을 당한 후에는 그 기세가 급격히 꺾이며 제자들도 뿔뿔이 흩어지고 말았다.

그런데 예수당은 죽었던 예수가 다시 살아났다고 한다. 그가 제자들에게 무언가 말을 남기고 승천했으며, 곧 다시 온다고 약속했다고 한다. 죽지 않고 하늘로 들려 올라간 에녹과 엘리야는 알고 있었지만, 예수는 죽었다가 살아나 하늘로 들려 올라가고, 또 그 모습 그대로 다시 온다고 하니 에녹과 엘리야와는 차이점이 있었다. 이러한 예수당의 기세가 이전과는 달랐다. 점점 더 확산되는 분위기였다.

북쪽 지방에서는 바울이라는 율법학자가 예수당의 전도자가 되고, 남쪽에서는 필로라는 학자가 플라톤의 사상을 히브리 성경에 도입하여 간접적으로 예수를 옹호하고 있었다. 두 사람은 헬라 철학에도 능통하며, 특히 플라톤적인 사고를 가지고 있었다. 그리고 기존 유대 지도자들의 부패와 위선과 가식 등에 환멸을 느끼고 있었다. 그러나 그들도 어쩔 수 없이 유대 사회를 형성하는 틀을 따르고 있었다. 유대 사회는 지도층이 자기들의 기득권을 위하여 로마에 순응하고, 제사장직도 돈으로 사고파는 지경이었다.

II

나는 가끔 예루살렘에 들렀다. 어머니를 뵙기 위해서뿐 아니라, 예루살렘에도 거래처가 있었기 때문이다. 바나바 삼촌은 예수 공동체 활동에 매진하고 있었다. 어머니는 그런 공동체를 조용히 후원했다. 특히 예수의 어머니 마리아와 예수 생전에 예수를 무척 따르던 막달아 마리아를 보살펴주었다. 막달라 마리아는 예수의 제자들보다 예수와 더 많은 대화와 교감을 나누어 제자들도 그녀에게 궁금한 것을 묻곤 했다. 마리아는 예수가 살아난 것을 처음 목격한 사람으로, 제사장과 바리새인들에게는 눈엣가시 같았지만, 예수당에서는 위엄과 권위가 있었다. 예수가 생전에 어떤 일에 관해 무슨 말을 했는지 제자들이 알지 못할 때 마리아가 알려주었기 때문이다. 그러나 여자로서 율법상의 한계로 앞에 나서지 않았고, 제자들은 그런 마리아를 존중했다.

“마가야.”

바나바 삼촌은 나를 볼 때마다 하나님의 보내심을 받은 메시아로서의 예수에 관해 말했다. 처음에는 삼촌의 말을 무시했지만, 자꾸 듣다 보니 점점 호기심이 생겼다.

막달라 마리아는 과거 주위에 남자가 많은 것을 즐기는 분방한 생활로 사람들에게 비천하게 여김을 받았다. 그런데 지금은 어떤 위엄과 권위와 성결함마저 느껴지는 사람으로 변했다. 바나바 삼촌도 과거의 혈기왕성한 모습은 다 사라지고, 온유함과 절제를 지닌 지성인처럼 변했다. 예수의 제자들도 마찬가지였다. 어부요, 목수요, 세리요, 보잘것없던 그들이 기적을 일으키며 병자를 고쳤고, 그들이 외치는 설교는 웬만한 변증가보다 나았다. 특히 베드로가 설교하면 군중은 바로 예수당으로 변했다. 이 모든 것이 예수 때문인가? 예수는 보이지 않는데, 예수의 추종자는 늘어만 갔다.

“너도 예수당에 들어오지 않겠니?”

돈을 좋아하는 제사장과 바리새인들도 내가 사업하는 것을 보고 은근히 자기 무리와 함께하길 바라는 눈치였다. 그러나 나는 여기도 저기도 속하지 않고, 그저 열심히 물건을 사고파는 일을 할 따름이었다.

“저는 그냥 지켜만 볼게요.”

“누구든 예수를 알면 변화된단다.”

“왜죠?”

“예수에게 우리가 모르는 사랑이 있기 때문이지. 그것은 세상적인 사랑이나 철학이 아닌 또 다른 무언가란다.”

나는 철학이란 말에 솔깃했다. 알렉산드리아에서도, 그리고 각 도시의 아고라에서도 변증가들은 제 논리를 설파하며 사람들을 설득하려고 했다. 웅변가나 변증가가 군중을 매료시키면 그들이 돈을 기부했는데, 그 금액이 절대 적지 않았다. 나는 그들의 말보다는, 진리가 무엇이고 사람이 죽고 나면 어떻게 되는지에 관심이 있었다.

알렉산드리아에는 영혼 불멸 사상이 있었다. 육적인 물질의 세계와 영혼의 세계를 분리하여, 물질의 세계를 절대 악으로 규정하고 영혼의 세계는 절대 선으로 규정하는 것이다. 영혼은 불멸하기 때문에 선해야 한다는 것이다. 여기에는 영혼의 고통에 대한 두려움이 깔려 있다. 반면 이 세상의 육신을 포함한 물질의 세계는 찰나의 순간만 사는 세상이기에, 쾌락 등 욕망의 대상인 것이다. 육적인 욕망은 절대로 선이 될 수 없다. 그래서 물질 세계에 있는 악을 당연하다고 여겼다. 학자들은 이를 영지주의라고 말하기도 했다. 그러나 내가 생각하기에 영지주의는 이보다 훨씬 폭넓은 개념이었다. 이것은 플라톤 사상의 극단적인 면을 강조하며 자극적인 현실을 추구한다.

"마가야, 너도 공부를 많이 하지 않았니? 철학이 무엇이니?"

"글쎄요, 알렉산드리아와 아테네 등 북쪽 지방의 사상이 서로 다른 것 같아요."

"나도 그렇게 생각한다. 지금 나는 바울이라는 사람과 교제하고 있단다."

바울은 유대인으로서 유대 율법에 능했고, 철학자로서도 유명했다.

"유대인들은 그 사람을 변절자라고 하던데요?"

"바리새파에서 예수당으로 옮겨간 것일 뿐 변절자는 아니지…."

"그가 무슨 말로 삼촌을 현혹하던가요?"

나는 은근히 바울이라는 사람을 폄하하고 있었다. 유대인이라면 누구나 바울을 배반자요 변절자로, 그들의 법에 의하면 돌에 맞아 죽을 죄인으로 여기고 있었다.

"바울은 철학자로서 '죄란 무엇인가?' 그리고 '인간의 구원은 어디서 오는가?'[16]에 대한 담론을 가지고 있었단다."

바나바 삼촌은 차분하게 바울에 관한 자기 이야기를 펼쳐나갔다. 나는 아무 대꾸 없이 듣기만 했다.

"바울은 너와는 다르게 아테네의 철학과 유대 율법을 열심히 공부한 학구파란다."

그는 주로 플라톤이라는 사람의 사상을 중심으로 이상적인 세상을 꿈꾸고 있었다고 한다.[17] 그런데 이상적인 사회로 가는 데는 두 가지 장애물이 있다고 했다. 하나는 인간의 죄의 문제요, 또 하나는 인간의 가치와 삶의 방향을 제시해 주는 철학의 한계라고 했다. 죄의 문제는 어떤 신도, 철학도 해답을 주지 못했다. 그러나 유대인의 율법에는 죄 사함을 위한 속죄제가 있었다. 바울은 이것을 연구하기 위해 가말리엘 율법사의 문하생으로 들어갔다. 그러나 그것으로는 근본적인 문제가 해결되지 않았다. 또 철학이란 학문은 오랜 기간 인간의 삶의 방향과 가치를 제시해 주는 길잡이였다. 그러나 이것은 인간의 관점이요 기준이기에, '불완전한 인간이 어떻게 인간의 기준점을 제시해 줄 수 있는가'라는 의문점이 남는다고 한다. 그런데 이 모든 문제를 해결해 준 사람이 바로 예수라는 것이다.[18] 즉, 죄의 문제는 예수를 믿음으로 해결되고, 인간의 삶의 방향과 가치는 예수처럼 자기를 십자가에서 죽이고 또 부활한 예수와 함께 살아 사랑을 실천하는 것에 있다고 한다.

이렇게 바나바 삼촌은 바울이라는 사람과 교제하면서 나눈 내용을 나에게 전하며 화두를 던졌다. 죄에서 자유로운 사람이 세상에 어디 있으며, 신이 제시하는 길이 있다면 그 길은 완벽한가? 도대체 그 신은 어디서 왔는가? 나는 예루살렘에 갔다가 생각거리만 한가득 가져오게 되었다. 바나바 삼촌과 바울이 가이사랴까지 나와 동행했고, 거기서 나는 홀로 배를 타고 구브로로 돌아왔다.

내 사업터인 구브로로 돌아온 나는 이런저런 생각으로 머리는 복잡했지만 열심히 일을 하러 돌아다녔다. 이제는 각 지역의 현재 상황이나 필요한 물건과 생산되는 물건을 모두 파악할 수 있는 상태가 되었다. 어느 지역을 가든 각 도시에는 많은 신전이 있었고, 자기들이 믿는 신과 그 신을 기념하는 신전을 중심으로 모이는 사람들이 서로 삶을 공유하고 있었다. 마찬가지로 유대인들도 디아스포라라는 공동체와 율법 강론장인 회당을 중심으로 생활하고 있었다. 그런데 예수당의 사람들도 자기들끼리 잘 결집했다. 유대인들은 율법과 전통적인 관습 등 자기들만의 규율에, 여호와 하나님에 대한 신앙으로 공동체를 형성하고 있었다. 그러나 예수당은 같은 유대인이지만 율법보다는 예수가 남긴 어록을 중심으로 생활하고, 또 전통적 관습보다는 사도라고 불리는 예수의 제자들을 중심으로 각각 맡은 직분에 따라 자기 역할을 감당했다. 그들은 예수를 메시아로 여기며 자기들만의 독특한 문화를 새롭게 형성했다. 같은 유대인인데도 공통점이 없던 예수당은 유대 회당과 유대 공동체의 핍박을 받고 있었다.

나는 바나바 삼촌이 머물고 있는 안디옥으로 갔다. 삼촌은 나를 은근히 기다리고 있었다. 바울이라는 사람을 만나게 해주고 싶었던 것이다. 바나바 삼촌은 자기 힘만으로는 나를 예수당으로 끌어들이기에 역부족이라고 생각하는 것 같았다. 유대적인 사고와 지식밖에 없는 삼촌은 알렉산드리아에서 폭넓게 공부한 나를 설득할 수 없었던 것이다. 그러나 율법과 철학적 지식과 예수에 대한 이론적 논리에서는 예수당에서 최고의 학식을 겸비한 바울이라면 나를 설득하기 쉬울 것이라고 생각한 것 같았다. 생전에 예수와 함께 다니던 사도들이란 사람들도 히브리 성경과 세상적인 학문을 예수와 연결해 논리적으로 교리를 펼쳐나가는 것을 바울에게서 배울 정도였다. 그리고 그는 플라톤 철학을 예수와 연관 지어 구체적인 생활 지침을 만들어가고 있었다. 즉, 이전에 없던 세계관이 바울을 통해 만들어지고 있는 것이었다. 그리고 그 매개체가 바로 예수였다.

"마가야, 오늘 저녁에 식사나 함께 하자꾸나."

"네, 삼촌. 그러시죠."

아마도 오늘 저녁에 바울이라는 사람과의 만남이 이루어질 것 같았다. 다소라는 도시에서 유력 인사의 아들로 성장한 바울은 과거 유대 율법학자로서 바리새인들의 촉망을 받던 사람이었다. 그리고 그는 가말리엘 문하생으로 미래가 보장되어 있었다. 더구나 바울은 율법을 무시하고, 세리나 죄인들과 어울려 다니며, 제사장과 바리새인들을 나무라고, 또 신성모독까지 해 십자가에 처형당한 예수를 따르던 사람들을 잡아 처단한 사람이었다. 그런 그가 어떻게 예수당의 최고 이론가가 되었는지 사실 나도 궁금하긴 했다.

햇빛이 조금 남아 있는 시간에 골목 구석의 허름한 집으로 바나바 삼촌이 나를 데리고 갔다. 바울은 그곳에서 손에 붓을 들고 뭔가를 써 내려가다, 우리가 들어가자 자리를 옮겨 식탁에 앉았다.

식탁의 음식은 마른 빵과 우유, 그리고 말린 양고기가 전부였다. 가끔 포도주도 곁들인다고 했다. 바울은 게슴츠레 뜬 눈, 약간 벗겨진 머리, 허술한 옷차림, 작은 키에 약간 나온 배 등 그야말로 볼품없는 모습이었다.

"바나바 형제에게 이야기 많이 들었소. 훌륭한 자질을 가진 형제라고 칭찬이 대단했다오."

"별 말씀을요. 저는 그저 장사꾼일 뿐입니다."

"알렉산드리아에서 공부했다지요?"

"네. 어떤 학문을 깊이 공부한 건 아니고, 장사에 필요한 여러 가지 공부를 했습니다."

"알렉산드리아에 필로라는 학자가 있지요? 예루살렘에서 나와 같이 공부했다오. 그러다 그는 알렉산드리아로 가고, 나는 예수당을 핍박하러 다녔지."

필로는 율법과 헬라어로 번역된 히브리 성경을 강론하며 알렉산드리아에서 매우 큰 명성을 얻었다.[19]

이번에는 내가 궁금한 것을 물었다.

"그런데 어쩌다 예수당원이 되셨나요?"

"말하자면 길지요. 시간상 간략히 말할 테니 한번 들어보세요. 나는 어릴 적부터 사람의 행태에 관심이 많았어요. 특히 사람은 왜 늘 불안감을 느끼는지 궁금했지요. 동물보다 더 안정감이 없고, 미래에 대해 불안해하고, 질서도 없이 하루하루 사는 모습을 보며 아테네의 철학을 공부했지요. 당시 로마인들 사이에서는 아테네 문학과 철학을 공부하는 것이 주류를 이루었어요. 나는 아버지가 로마 시민권자라 자연스레 헬라 철학을 공부하게 되었지요. 그런데 그들 중 많은 사람이 인간의 가장 근본적인 문제인 죄에 대해 무감각했어요. 어떤 누구도 죄에 대해 담론하지 않더군요. 죄는 무엇이며, 그 해결책은 있는가 하는 것들 말이지요. 보통 철학가들은 자신의 관심 주제에 집중하느라 그 외 주제에 대해서는 관심을 갖지 않더군요. 플라톤이라는 사람도 현실 세계를 부정하며 이데아라는 도피처를 만들었지요. 즉, 물질적 세상에 답이 없다는 것이지요. 그런데 우리 율법에는 죄에 관한 언급이 있었기에, 나는 속죄제에 관한 부분을 읽고 율법을 공부하러 예루살렘에 갔어요. 내가 태어난 곳은 다소인데, 그곳에서는 헬라 철학자들과 라틴 사람들이 자기의 지식을 아고라에서 발표하고 서로 토론하는 일이 많았어요. 아버지는 유대인이면서 로마 시민권을 가진 사람이라, 신문

물의 지식을 쌓으라며 나에게 그 사람들에게 배우라고 했어요.[20] 그런데 아무리 뛰어난 학자라도 인간의 관점에서 벗어나지 못하더군요. 그런데 우리 율법에서는 그 모든 것이 인간의 관점이 아니라 묘하게도 야훼의 뜻이라고 말하고 있어요. 죄는 하나님의 명령과 계명을 어기는 것이고, 그 죄는 속죄제를 통해 용서받는 것이지요. 인간의 관점이 아니라 신의 관점에서 죄를 다루는 것이 우리 율법이죠. 나는 헬라 철학적인 지식과 라틴 사람들의 논리적인 사고와 지식에서 인간적인 한계를 느꼈어요. 플라톤이라는 사람은 막연한 이데아를 이상 세계로 보는데, 인간이 완벽한 그곳에 스스로 갈 수 있나요? 그러다 우리 율법서를 보는데, 우리 율법이 너무나 재미있고 완벽하다는 생각이 들었어요. 유대 사상과 율법은 철학적 관점이 아니었지요. 율법은 최고의 가치를 지닌 하나님의 명령이었어요. 그런데 어떻게 사람이 하나님의 뜻을 거스를 수 있겠어요? 그런데 예수라는 사람과 그 추종자들이 율법을 부정하니 참을 수가 없었어요. 더구나 예수가 십자가에 처형되고서 그들의 세력이 사라질 줄 알았는데 오히려 점점 더 커지면서 유대 사회를 위협했지요. 나는 그들을 응징해야 했어요. 그러다 어느 날 죽었다가 부활했다는 예수를 만났지요.[21] 그는 나에게 왜 자기를 괴롭게 하느냐고 했어요. 그래서 누구냐고 물었지요. 그는 '네가 핍박하는 예수다'라고 말했어요. 그 이후로 난 정신이 혼미해졌지요. 다마스쿠스에서 한 예수당원이 나에게 세례를 주더군요. 나는 저항할 수가 없었어요. 나는 비밀리에 사도들을 만난 후 메시아에 관한 이야기를 듣고 광야로 나갔지요. 그가 정말 유대의 메시아인지 확인하고 싶었어요. 그래서 광야에서 메시아와 예수의 연관성을 공부했어요. 그러면서 히브리 성경의 초점이 모두 예수에게 맞추어져 있다는 것을 깨달았어요. 그때 도움을 준 사람이 이 바나바였어요. 광야에 있던 나에게 필요한 것들을 조달해 주었지요. 책이며 예수의 어록과 문서들, 그리고 먹을 것을 가져다주었어요. 바나바 이분은 자기가 광야에서 세례를 주던 요한의 제자였다고 했어요. 요한이 죽고 나서 그의 제자가 많이 예수의 제자가 되었다고도 했고요. 요한이 예수를 자기보다 큰 자라고 늘 말했다고 해서 자연스레 제자들의 이동이 있었던 것이지요. 바나바 이분도 그중 하나였다고 스스로 말했어요. 아무튼 나는 아담으로부터 내려오는 죄 문제를 유대인만 유대 율법에 의한 속죄제로 해결 받는 것이 하나님의 뜻일까 하는 의문이 들었어요. 그러면서 아담의 죄는 이 세상 모든 인류에게 전가된 것이니, 하나님이 유대인만 구원하시려 한 것은 아니리라고 생각했어요. 물로 세례를 받는 것은 율법적이지 않은데, 왜 요한과 예수는 물과 성령을 통한 죄 사함과 구원을 이야기했는지 알 것 같았지요. 예수가 메시아라면 단지 유대인만이 아니라 온 인류의 구원자여야 하지요. 그렇지만 유대인의 성경과 역사에서 예수의 위치는 무시하지 못해요. 먼저는 유대인이요, 다음이 이방인이지요. 광야에서, 그리고 다소에서 10여 년 동안 예수에 관해 공부하면서 바나바와는 계속 교류했어요. 이곳 안디옥에 온 것도 바나바 때문이지요. 이제는 인류의 구원자 예수를 전파할 때가 된 것 같아요. 바나바와 전도 여행을 떠나려고 하는데, 바나바가 마가 당신을 적극 추천하더군요. 나처럼 알렉산드리아에서 철학을 공부해서 나와 잘 통할 거라면서. 인간 스스로는 구원을 얻을 수 없어요. 그것이 철학의 한계입니다. 인간의 구원은 신의 은총입니다. 그것을 위해 예수가 메시아로 이 땅에 온 것입니다."

나는 궁금한 것도 많고, 질문할 사항도 많았지만, 일단 그냥 두었다. 나도 막연하게 히브리적 사고로 죄의 문제도, 구원의 문제도 다 신의 뜻 안에 있겠지 하고 생각했던 터라 이야기를 하자면 길어질 것 같았기 때문이다. 그렇지만 모든 내용을 간단명료하게 함축적으로 설명하는 데서 바울의 내공을 느낄 수 있었다.

바울은 나에게 화두를 던졌다. 죄와 구원의 문제를 더 깊이 고민하라는 메시지 같았다. 장사만 하고 돌아다니지 말고, 이제 뭔가 방향 전환을 하라는 뜻으로 보였다. 바울은 인생에 대한 질문의 답을 예수에게서 찾은 듯했다.

인생은 어디서 왔다가 어디로 가는가? 사람이 세상에 온 것은 죄로 말미암은 것이요, 그 죄의 굴레에서 벗어나지 않는 한 신의 영역으로 들어갈 수 없다는 것이 바울의 주장인 듯했다. 온 인류는 예수를 통해 죄 사함을 받고 본래의 신에게 돌아간다는 바울의 믿음은 헬라 철학적 사고와 유대적 메시아 사상이 결합된 것처럼 보였다. 예수의 부활을 경험한 바울은 인간 구원의 길이 예수에게서 시작된다는 믿음이 확고했다. 이러한 메시아적 사상을 전했기에 헬라 사람들은 예수당 사람들을 '그리스도인'이라고 불렀다.

유대의 한 종파가 이방인에게 문호를 개방하고, 율법적인 구원이 아니라 예수를 통한 구원을 전하자, 유대인들은 예수를 따르는 무리를 유대 사회에서 파문하려는 듯했다. 유대인으로서의 정체성을 부인하는 예수당에는 오히려 이방인을 하나님과 연결되게 하는 좋은 기회가 된 것이다.

얼마 후 바나바 삼촌이 다시 나를 찾아왔다.

"마가야. 네 다음 행선지가 어디니?"

"구브로를 거쳐 아시아 남부 지방을 돌아보려고 해요. 요즘 기근이 심해 식량 구하는 일이 급하거든요. 아시아 중북부 지방에서는 아직 식량 구하는 데 어려움이 없어요."

"그러면 바울 선생과 나도 동행 좀 하자꾸나. 너의 도움도 받을 겸…. 바울 선생은 예수를 전하는 것을 인생의 소명으로 여기더라. 인류의 모든 죄는 예수로 말미암아 소멸된다는 것을 온 세상에 알려야 한다면서."

"왜 꼭 예수여야만 하나요? 그러면 세상의 모든 신으로부터 공격받을 수도 있을 텐데요."

"이 세상의 모든 신은 자기를 위해 스스로 존재하지. 그리고 사람들은 그 신을 위해 신전을 만들고 숭배하는 등 온갖 행위를 하는데, 모두 신을 위한 제의들뿐이지. 그런데 예수는 신이면서 스스로 제의의 제물이 되어 인간의 죄를 위해 피를 흘린 유일한 존재야. 이것은 모세가 하나님께 십계명과 율법을 받은 것과 완벽히 부합하는 것이라고 바울 선생이 이야기하더구나. 즉, 야훼 하나님께서 이스라엘에게 보여주고 가르쳐주신 모든 것의 결정체가 예수라는 거야. 하나님의 아들로서 보냄을 받아 인간의 죄를 깨닫게 하고 회개하게 함으로 죄 사함을 통해 인류와 하나님과의 관계를 회복시키는 것이 하나님의 계획인데, 그 일을 하신 분이 예수라는 거지. 인간의 죄를 위해 신이 스스로 희생제물이 된 거라고 바울 선생이 말하더군. 이런 신적 사상은 헬라 세계에서는 도무지 생겨날 수가 없거든. 신을 위해 사람이 제물이 될지언정, 사람을 위해 신이 제물이 될 수는 없는 것이 헬라의 신관 아니니? 가짜 신이 아무리 우리를 공격한다 해도 결국은 진리의 예수가 승리하는 거지. 그래서 사람들이 우리를 비하하는 뜻으로 '그리스도인'이라고 해도 우리는 전혀 개의치 않아."

'그리스도인'이란 말은 십자가 처형을 받은 예수를 신으로 따르는 사람들을 박해하는 유대인들이 그들을 자기들과 분리해 '그리스도의 무리'라는 뜻으로 폄하하면서 퍼뜨린 말이다.

나는 삼촌의 이러한 체계적인 신관에 매우 놀랐다. 학문도 내가 더 높고, 세상적인 경험이나 식견도 삼촌보다 내가 더 뛰어나다고 생각했는데, 예수에 대해서는 삼촌에 비하면 나는 거의 무지에 가까웠다. 예수에 대해 깊이 공부할 기회를 갖고 싶었다. 신이 스스로 제의의 제물이 된다는 것이 도무지 이해되지 않았다.[22]

"이번에 동행하더라도 거래처와 약속이 수시로 변하기 때문에 중도에 헤어지게 될 수도 있어요."

"그렇게 되면 어쩔 수 없겠지만, 갈 수 있는 데까지 동행해 주려무나."

우리는 안디옥을 출발해 실루기아로 내려갔다. 그리고 준비된 배를 타고 구브로로 갔다. 바나바 삼촌도 구브로를 잘 알기에, 우선 구브로로 갔다가 배로 아시아 내륙으로 들어가는 것이 편했다. 안디옥에서 육로로 이동하려면 산맥과 협곡을 넘어야 했다. 구브로 살라미에 도착하자 바울은 먼저 유대인 회당부터 찾았다. 그곳이 예수에 대한 강론을 펼치기에 좋았기 때문이다.

그리고 계속해서 섬을 가로질러 바보로 향했다. 바울 선생과 바나바 삼촌은 마을을 지나올 때마다 사람들에게 회개하고 예수를 믿으라고 전했다. 두 사람의 모습은 마치 결의에 찬 전사 같았다.

구브로의 가장 큰 도시요 남부 항인 바보에 도착하자, 섬의 총독이 나를 집으로 초대했다. 나는 구브로에 사업의 본산을 둔 제법 알려진 상인으로 로마 관리들과 잘 지낼 필요가 있었고, 그들도 나를 필요로 했다. 바울 선생도 로마 시민권을 가진 다소의 유력한 가문 출신이기에 나와 동행했다. 이 자리에서도 바울은 거침이 없었다. 예수에 대한 그의 논리와 열정은 마치 신들린 사람 같았다. 단번에 구브로 총독을 설복시켜 버렸다. 헬라 사람들은 일반적으로 신에 대한 경외심이 있었다. 그 경외심을 건드린 것이다.

이곳에는 엘루마라는 한 마술사가 있었다. 사람을 속이며 돈벌이하는 사람들은 도시마다 자기들의 이권을 위해 이상한 조직을 만들어 영향력을 행사했다. 대표적인 사람이 마술사들과 예언자 노릇을 하는 점술가들이었다. 이들은 대개 학식이 있는 자들이라 언변도 좋고, 지혜 있는 자처럼 보이려고 사제복을 입고 다니기도 했다. 알렉산드리아에서도 마술을 하나의 학문처럼 연구하기도 했는데, 눈속임과 사기적인 행각 등으로 결국 학문으로 인정받지 못하고 저급하게 취급되었다. 똑똑한 학자들, 특히 수학자 중에 돈벌이에 눈이 멀어 삐뚤어지는 경향이 나타나기도 했다. 엘루마 역시 총독이 바울에게서 멀어지도록 힘을 썼다. 그는 바울을 경쟁자로 생각하는 것 같았다. 바울은 이런 엘루마를 향해 한 손을 치켜들고 위엄 있는 강한 어조로 말했다.

"모든 거짓과 악행이 가득한 자요, 마귀의 자식이요, 모든 의의 원수여, 주의 바른길을 굽게 하기를 그치지 아니하겠느냐? 보라, 이제 주의 손이 네 위에 있으니 네가 맹인이 되어 얼마 동안 해를 보지 못하리라."[23]

바울이 말을 마치자, 갑자기 엘루마가 두 손으로 허공을 저으며 제자리를 빙글빙글 돌았다. 앞이 보이지 않는 듯했다. 예수의 기적과 이적, 그리고 그 제자들의 놀라운 사역에 대해 그동안 소문으로만 들었지, 이렇게 내 눈으로 직접 보는 것은 처음이었다. 바울이 행한 이 기이한 일을 본 총독은 그의 모든 말을 믿지 않을 수 없었다.

나는 무척 놀라고 두려웠다. 마술사들이 하는 것은 그 원리를 어느 정도 알고 있어서 별것 아니라고 여겼지만, 오늘 바울이 한 행동은 마술이 개입될 수 없었다. 사마리아에서도 예수의 제자들이 마술사를 혼내주었다고 하더니, 오늘 바울도 마술사 엘루마의 코를 납작하게 만들어 버렸다. 엘루마는 혼비백산해 자기 조수 손에 이끌려 사라졌다.

이 일로 로마 총독 서기오 바울은 예수에 대한 믿음을 갖게 되었다. 바울과 바나바는 그가 회심한 것에 큰 위로를 받으며 자신감을 얻게 되었다. 이방인이자 로마 고위 관리가 그리스도인으로 개종하는 것은 예삿일이 아니기 때문이다. 서기오 바울의 환송을 받으며 우리는 아시아 내륙으로 들어가기 위해 배를 타고 밤빌리아로 향했다. 구브로 총독의 변화는 나에게도 큰 도움이 되는 사건이었다.

한편, 예루살렘에서 좋지 않은 소식이 계속 들려왔다. 상인들은 거래처를 통한 정보망이 형성되어 있어 먼 곳까지 신속하게 소식을 전할 수 있었다. 이번에는 여리고의 수공업자들이 유대인에게 쫓겨났다는 것이다.

이런 일로 마음이 복잡했지만 바울에게 어제 일에 대해 몇 가지 궁금한 것을 물어보았다.

“바울 선생님, 어제 어떻게 엘루마가 맹인이 되었나요?”

“제가 한 것이 아니라, 주님께서 하신 것이지요.”

“주님이라면 유대인의 하나님을 말하는 건가요?”

“아니라고는 못 하지만, 정확하게는 성령께서 하신 것입니다.”

“그것은 하나님의 영을 말하는 건가요?”

“그와는 좀 차이가 있지요. 예수께서 하늘의 성령을 우리에게 남겨두고 승천하셨어요.”

“저는 그게 무슨 말인지 잘 모르겠네요. 성령과 예수는 무슨 관계지요? 별개의 존재인가요?”

“우리가 보는 현상으로는 분리되는 것처럼 보이지만, 분리될 수 없는 관계지요. 성령이 곧 예수이고, 예수가 곧 성령이니까요."

"승천했다는 것은 십자가에서 죽었던 예수가 다시 살아났다는 건가요?"

"네. 우리 역시 장차 부활을 경험할 겁니다. 마가 선생은 헬라 철학을 공부했다고 들었어요."

"네. 깊이 공부한 건 아니지만, 알렉산드리아에 있을 때 여러 책을 접했어요."

"그럼 로고스라는 개념을 아시겠지요?"

"네. 창조의 의미가 포함된 세상 우주 만물을 움직이는 보이지 않는 무한의 힘과 능력으로 헬라 철학의 최상위 개념으로 이해하고 있어요."

"그 로고스에 예수님과 성령을 대입하면 이해가 될 것입니다."

알렉산드리아에서의 필로의 로고스와 아테네에서의 로고스 개념이 다르지만 나는 중간자적 입장으로 이야기했다.

나는 바울 선생이 또 다른 신을 만들고 있는 것은 아닌가 하는 의문만 가득한 채 버가로 갔다. 버가에 도착하니 정보꾼이 나를 기다리고 있었다.

"지금 여리고에서 상인들의 다툼이 심각합니다. 우리 거래처 사람들이 다 쫓겨나게 되었습니다. 행수께서 해결해 주셔야겠습니다."

여리고에서 수공업자들이 공예품과 귀금속 등을 가공한 것을 내륙으로 가져가면 넉넉하게 식량으로 바꿀 수 있었다.[24] 그래서 나는 솜씨 좋은 이방인들을 고용하고 있었다. 그런데 유대인들이 수공업자들을 탄압하고 내쫓고 있다는 것이다. 한마디로 이권 싸움이었다.

나는 바나바 삼촌에게 예루살렘으로 돌아가야 한다고 말했다. 그리고 바울 선생의 기이하고 믿을 수 없는 철학적인 논쟁에 끼고 싶지 않다고도 했다. 사실 플라톤의 이데아 사상과 로고스의 창조적 개념은 헬라 철학의 화두였다. 바울 선생은 적극적이지는 않지만 죄의 문제를 해결하는 데 두 개념을 적절히 사용하는 것 같았다. 현실에서는 다들 고통과 배고픔과 질병과 전쟁과 속임수와 기만이 가득한 세계에서 생존을 위해 발버둥 치고 있는데, 바울 선생은 현실을 너무 무시한 공상가처럼 보여 동역자로서 마음에 들지 않았다.

이러한 현실의 탈출구로 찾는 것이 신전이었다. 즉, 현실에서 고통받는 사람들이 신전에 가서 제물을 바치고 무녀들이나 제물을 바치러 오는 또 다른 남녀와 음행하는 것이 이들의 종교적 행위였다. 가장 대표적인 곳이 디오니소스 신전이었다. 우리의 육체는 이러한 쾌락의 도구이자, 우리의 영이 떠나면 썩어 없어질 물질일 뿐 육신의 부활은 없다는 것이 헬라 철학의 기본이었다.

이러한 헬라 철학을 정면으로 반박하는 것이 바울의 이론이었다. 그는 기존의 신에 대한 관념을 탈피한 영과 육의 하나 됨을 말하고, 죄의 문제와 구원의 길을 연계시키는 신비감을 주는 그런 관념의 종교를 정립하려는 것 같았다.

바울 선생은 나에 대한 큰 실망감을 감추지 못하고 곧장 버가를 떠나 버렸다. 구브로 총독이 자기 본가가 있는 비시디아 안디옥에 가서 자기 가족들에게도 예수 이야기를 해달라고 부탁했기에 삼촌과 바울 선생은 급히 내륙으로 들어가야만 했다.[25]

나는 삼촌과 헤어지고 가이사랴를 거쳐 예루살렘으로 돌아왔다. 예루살렘에서는 예수당이 맥을 못 추고 있었다. 유대인들의 핍박이 점점 더 심해져 갔다. 성전 중심의 바리새인과 제사장 그룹인 사두개인들이 예수 중심의 예수당을 인정할 리가 없었다.

집에 들러 어머니를 뵈었다. 어머니의 얼굴에 온화함과 정숙함과 평온함이 깃들어 있었다. 여전히 2층은 예수당이 모이는 장소로 이용되고 있었고, 사람들은 조심스럽게 모였다가 헤어지곤 했다. 또 다른 비밀 장소에서는 예수의 동생 야고보를 중심으로 모임을 이어가고 있는 듯했다. 나는 어머니의 부탁으로 어머니를 통해 이들을 후원하고 있었다.

예수당은 새벽 또는 해 질 녘에 모여 서로 부족한 것을 나누고 소곤거리다가 기도한 뒤 헤어지곤 했다. 로마 당국은 이들이 워낙 조용하게 지내니 관심 밖이었고, 대신 유대인들이 예수당을 박해하고 있었다.

나는 여리고로 갔다. 이곳에서 생산되는 수공예품과 가공된 귀금속과 각종 귀중품은 내륙 지방에서 인기가 많아 무역하는 데 필수적이었다. 내가 고용한 기술자들은 여리고에서 쫓겨나 변두리에 모여 어렵게 생활하고 있었다. 그들은 나를 보자 울음을 터뜨렸다. 나는 식량이 부족한 도시들에 이러한 기술자 집단을 만들어 그 물건으로 식량을 공급하고 있었던 것이다. 이제 이들을 어떻게 먹여 살린단 말인가? 바울 선생은 이들에 대한 대책이 있는가? 가는 곳마다 병과 굶주림에 고통받는 사람이 널려 있었다.

모든 인생길에는 어려운 문제가 있지만, 특히 인간으로서 기본적인 삶을 누리지 못하는 사람들을 누군가는 도와야 한다. 예수는 가는 곳마다 굶주린 사람에게 먹을 것을 주고 병든 사람들을 치료해 주었다고 한다. 그는 농부도 의사도 아닌데 어떻게 그런 일을 할 수 있었을까? 제자들도 심심찮게 기적과 이적을 일으킨다는 소식이 들려온다. 그러나 문제는 굶주림과 병으로 고통받는 사람이 너무 많고, 기적과 이적만으로는 해결이 안 된다는 것이다.

근동 지방은 원래 유목민들의 터전이라 땅에 대한 배타성이 없었지만, 헬라 시대를 지나고 로마의 지배를 받으며 정착 생활을 하면서 땅에 대한 소유권과 배타성을 갖게 되었다. 그래서 땅을 잃은 사람들은 하층민으로 전락해 갈 곳이 없었다. 더구나 로마법이 철저히 개인 소유권을 인정하면서 개인주의적인 성향과 배타성은 한층 더 심화되어 갔다.

나는 바울과 같은 이상주의자가 아니다. 현실의 문제를 내버려 두고 죄와 회개와 구원의 문제 등을 그들에게 설파하면 그들이 그것을 받아들이겠는가? 우선 나는 갈 곳 없는 부랑자들과 내가 필요로 하는 수공업자 및 기술자들을 베네토 지역으로 보내는 것을 검토하기로 했다.

그동안 나는 장사와 무역업을 하면서 많은 부를 축적할 수 있었다. 이에 어머니와 바나바 삼촌의 요청으로 예수당에 대한 물질적인 후원을 아끼지 않았다. 돈을 좋아하는 바리새인들과 서기관, 제사장들에게도 그들이 필요로 하는 것을 공급해 주었다. 그래서 그들은 나를 존중해 주었다. 로마의 관리들도 나에게서 물질적 후원을 받았기에 로마 등 각처에서 흘러나오는 정보 등을 알려주면서 나에게는 호의적이었다.

우선 나는 예루살렘과 여리고 및 유대 지역의 갈 곳 없고 빈곤에 시달리는 사람들을 돕기로 했다. 마음이 그렇게 움직였다. 예전에 아버지도 어려운 사람 돕는 일을 주저하지 않았다.

나는 배를 이끌고 전에 보아 두었던 로마인들이 베네토 지역이라고 부르는 곳을 둘러보았다. 이곳은 쓸모없는 갯벌인데, 동서남북이 막혀 천혜의 요새와 같았다. 북쪽으로는 바닷물이 막고 있고, 남쪽으로는 갯벌이라 지리를 모르는 사람은 접근하기가 어려웠다. 로마도 이곳은 쓸모없는 땅으로 취급하고 있었다. 로마는 자기들에게 필요한 곳에 도시를 건설하고 주민들을 정착시키며 총독을 파견하는 방식으로 제국을 지배하고 있었다.

베네토 지역은 그야말로 황무지였다. 그러나 나는 이곳이 전란을 피하고 양식을 조달하기 쉬우며, 개발만 잘하면 요새와 같은 상업 도시가 될 것이라는 미래가 보였다.

나는 로마로 들어갔다. 로마 당국에 이 지역의 토지를 사겠다고 말했다. 그리고 나와 거래하고 있던 로마 관리에게도 협조를 부탁하며 세공된 귀금속과 공예품을 선물했다. 로마 당국에서 연락이 왔다. 왜 쓸모없는 땅을 불하받겠다고 하는지 궁금해했다. 세상의 떠돌이와 부랑자를 모아 그곳에서 살겠다고 했다. 로마 당국도 극심한 빈부 격차로 인해 여기저기서 빈민과 부랑자들이 강도로 변해 문제를 일으키는 일로 골머리를 앓고 있었다.

로마 시내에도 거대한 빈민촌이 형성되어 있었다. 이들은 여차하면 부자들과 귀족들의 집을 약탈하는 집단행동을 했기에, 폭동을 두려워한 귀족들이 이들에게 먹을 것과 생필품을 지원하고 있는 실정이었다. 그런 상황에서 내가 이러한 부랑자와 빈민자를 모아 도시를 만들어 살겠다고 제안하자, 로마 당국은 아주 싼값에 베네토 지역 섬 전체에 대한 소유권을 넘겨주었다. 로마는 거대한 제국을 통치하기 위해 법으로 개인의 소유권과 재산권을 보장해 주었다. 그리고 그것을 통해 사적인 분쟁을 막고 있었다.

나는 알렉산드리아로 갔다. 그곳은 알렉산더 대왕이 건설한 계획 도시인데, 어느새 헬라 지역의 지식인들이 모이는 도시로 변모했다. 북쪽의 아테네가 철학과 신학의 도시라면, 알렉산드리아는 수학과 기하학, 건축학, 토목학, 의학 등 실용적인 학문의 도시였다. 나는 이 도시의 설계 도면을 구하고 기술자들을 모으며 베네토 섬을 개발하기 위해 준비했다. 건축과 토목 등 도시 건설에 대한 기술과 지식이 풍부한 사람들에게 상업 도시를 건설할 것이라고 설명하고 베네토 지역으로 그들을 보냈다.

이 일에는 막대한 자금이 필요했다. 나는 곳곳에 자금을 분산하여 운용하고 있었다. 그래야 큰 사고를 방지할 수 있고, 변고가 있을 시에도 피해를 최소화해 포기와 선택의 여지를 넓힐 수 있기 때문이었다. 이제 그 자금을 모아 베네토로 보내기로 했다.

그렇게 토지와 건설 비용과 기술자들은 어느 정도 확보되었다. 이제 헬라 지역의 수공업자들과 귀금속 전문가들, 손재주가 뛰어난 사람들을 베네토 지역으로 보내기로 했다. 이들은 대부분 자기 토지 없이 기술과 장사에 의존해 살았기에 이주는 어렵지 않았다. 동시에 일꾼들이 필요했기에 부랑자들과 빈곤에 시달리는 사람들도 같이 이동하라고 알렸다.

곳곳에 있는 거래처 상점에 연락해 이들이 이동하는 데 협조를 구했다. 예루살렘에서 베네토까지 가는 데는 1년 이상은 족히 걸렸다. 이들은 이동 중에도 일을 하면서 자기들의 생계를 스스로 해결해야 했다. 시급히 베네토 지역으로 가야 하는 사람들은 배편으로 보내고, 나머지 사람들은 도시가 건설되는 동안에 육로로 이동하기로 했다.

예루살렘에서 좀 떨어진 베다니에서도 유대인에 대한 핍박이 심해 그리스도인들은 그곳을 떠나기로 했다. 특히 예수가 살린 나사로와 그 가족들이 위험했다. 어머니와 바나바 삼촌도 그들이 예수의 친구들이라고 하여 각별히 나에게 부탁했다. 나사로를 비롯해 그 가족과 몇몇 사람을 배편을 통해 일단 구브로섬으로 보냈다.

유대인들이 로마와 결탁하여 어떤 때는 같은 유대인이라도 유대법에 의해 척결할 수 있는 권한을 얻었기에 예수당원들은 유대인들의 눈치를 보며 살아야 했다. 특히 나사로는 그들에게 눈엣가시였다. 예수가 죽은 지 나흘 만에 다시 살린 나사로는 예수 부활의 상징이 되어 있었던 것이다.

나는 헬라 지역의 전 거래처에 손재주가 뛰어난 사람들은 베네토에서 우대받을 것이라고 알렸다. 일정한 지분을 주고 터전을 마련해 살 수 있도록 일거리를 제공한다고 했다. 그러나 척박한 그곳에 가려는 사람은 많지 않았다.

우선 나는 아시아 내륙으로 들어가 거래처를 돌며 상황을 살펴보기로 했다. 안디옥에 이르자 예수 전하는 일을 마치고 온 바나바 삼촌이 나에게 한 번 더 부탁했다. 사업을 하면서 자기와 함께 다니며 예수 그리스도를 알리자고 강권했다. 그러나 나는 다른 할 일이 많았다. 같이 다닐 수는 있지만, 내가 할 수 있는 일은 거의 없었다. 예수에 대해서는 나보다 바울 선생과 바나바 삼촌이 훨씬 더 잘 알고 있었다.

언어적으로도 바울 선생은 로마어를 비롯해 헬라어와 히브리어에도 능숙해 내가 도울 것이 없었다. 단지 물질적인 도움은 얼마든지 줄 수 있었다. 그러나 바울 선생은 다른 사람에게 물질적인 도움을 받으며 여유롭게 전도 활동 하는 것을 거부했다. 그래서 가죽 공예 기술을 익혀 자기가 쓸 것은 직접 일을 해 충당했다. 혹시라도 누군가의 후원이나 연보로 물질이 생기면 어려운 사람을 돕거나, 특히 예루살렘에 보냈다. 예루살렘에서 시작된 그리스도교의 혜택을 받았으니, 물질이라도 예루살렘에 보내 보답해야 한다는 것이 그의 지론이었다. 혹시라도 그리스도의 이름에 누가 되지 않도록 그는 늘 청빈하고 부지런하며 절제했다. 그 모습이 마치 속세를 떠난 사람 같았다.

나는 직업상 이윤을 좇는 사람이라 바울 선생과는 확연하게 달랐다. 삼촌과 바울 선생이 나를 두고 언쟁을 했다. 삼촌은 내가 변하면 엄청난 폭발력이 있는 그리스도의 일꾼이 될 것이라고 확신했다. 삼촌은 바울이 부활한 예수를 만난 것처럼 나도 그러기를 바랐다. 그래서 바울을 통해 나를 변화시키려고 했지만, 바울 선생은 세속의 사람인 나와 영적인 세계를 추구하는 자신의 세계관이 혼합되는 것을 거부했다.

바울과 바나바 삼촌은 서로 부족한 부분을 채워주며 그것을 서로 큰 장점으로 생각했다. 바나바 삼촌은 세상살이에 능하고 인간관계도 좋았다. 바울은 율법과 학문과 성경에 능통해 그리스도교의 교리적인 체계를 세우는 데 탁월했다. 그런데 나로 인해 두 사람이 갈라서게 되었다.

"삼촌! 저 때문에 곤욕을 치르시는군요."

"아니다. 너는 분명 주님의 큰 일꾼이 될 것이다."

"저의 무엇을 보고 그런 말씀을 하시나요?"

"내가 어릴 때부터 너를 보지 않았니? 너는 주님이 좋아할 품성과 자질을 가지고 있거든. 바울 선생이 그것을 알아주면 좋겠는데 안타깝구나."

"저는 사업하는 사람이라 세속적이고, 생각하는 것도 모든 것을 비우고 예수로 채우라는 바울 선생의 생각과 본질적으로 다르니, 저를 데리고 갈 수 없겠지요."

"그렇긴 하지만 너도 언젠가는 주님을 네 안에 품을 날이 올 것이다."

나는 삼촌의 마음을 달래기 위해 우선 구브로까지 삼촌과 동행하기로 했다. 바울 선생은 실라라는 사람과 함께 육로로 수리아와 길리기아 지방으로 떠났다. 나는 구브로에서 바나바 삼촌의 거처를 마련해 주고, 다시 사업의 동향을 살피기 위해 내륙으로 들어갔다.

III

아시아 북부 갑바도기아 지역에 이르렀을 때 도시 광장에서 귀에 익은 목소리가 들려왔다. 그는 걸걸하고도 단호한 목소리로 사람들에게 예수에 대해 말하고 있었다.

"우리는 모두 죄인이요, 사망의 자식입니다. 그러나 하나님의 아들 예수가 우리의 죄를 사할 권세를 가지고 이 세상에 오셨습니다. 그를 믿는 자는 죄 사함을 받고 구원을 얻을 것입니다. 그를 믿는 자는 자유함을 얻을 것입니다. 그를 믿는 자는 성령의 능력을 받을 것입니다."

"예수라는 사람이 어디에 있소?"

"그는 우리의 죄를 위해 십자가에 달려 돌아가셨습니다. 그러나 삼 일 만에 부활하시어 우리와 40여 일을 같이 지내시다 승천하셨습니다. 그러면서 우리에게 성령을 주셨습니다."

"나는 죄지은 것도 없는데 왜 죄인이라고 하는 거요?"

"가슴에 손을 얹고 생각해 보십시오. 남을 미워하는 마음이 있다면 그것도 죄요, 마음에 음욕만 품어도 죄요, 부모를 공경하지 않아도 죄요, 남의 물건을 탐내는 것만으로 죄라는 것을 모른단 말입니까? 그 죄를 가지고서는 천지 만물을 지으신 하나님의 나라에 들어갈 수 없습니다. 예수를 통해 그 죄를 씻어내십시오. 그러면 여러분은 성령의 사람이 되고, 하나님의 자녀가 될 것입니다."

"예수를 어떻게 믿는단 말이오? 우리에게는 각자 신이 있고, 신전이 있고, 제물이 있단 말이오!"

"천하에 신은 오직 하나님뿐입니다. 그분의 아들이 세상에 오셔서 하나님 나라를 우리에게 말씀해 주시고 다시 하늘나라로 가셨습니다. 조만간 그분이 다시 오셔서 세상을 통치할 것입니다. 우리가 예수를 믿기만 하면 성령께서 우리를 변화시킬 것입니다. 신전도, 제사도, 제물도 필요 없습니다. 그것은 우상일 뿐입니다. 살아계신 신은 오직 주 예수 그리스도뿐입니다."

"그러면 우리가 어찌해야 한단 말이오?"

"예수를 믿기로 작정한 사람은 이 앞으로 나오십시오. 제가 안수를 해드겠습니다. 그러면 하나님께서 그에게 성령을 통해 하나님의 자녀가 되는 권세를 주실 것입니다. 예수를 믿기로 결심한 분은 앞으로 나오세요."

몇몇 사람이 앞으로 나왔다. 그러는 동안 광장에는 사람이 점점 더 많아졌다. 그 사람은 앞으로 나온 사람들에게 안수하면서 무언가 중얼거리며 기도하는 것처럼 보였다. 그러자 놀라운 일들이 벌어졌다. 어떤 사람은 꼬꾸라지고, 어떤 사람은 울면서 '나는 죄인이요' 하며 멍하니 하늘을 쳐다보았으며, 또 어떤 이는 땅바닥에 엎드려 있기도 했다. 사람들이 웅성거리며 한바탕 소동이 일어났다. 희한한 일이 벌어지고 있다고도 하고, 저 사람이 마술을 부려 사람을 현혹한다고도 했다.

그중에 디아스포라 유대인들은 먼저 자리를 빠져나갔다. 유대인들은 이미 이 사람에 대해 알고 있는 듯했지만 아직 어떤 결정을 내리지 못했고, 이 일을 의논하기 위해 자기들의 회당으로 가는 듯했다.

안수를 받은 사람들은 모두 경건한 얼굴로 그 사람을 자기 집으로 초대하려고 했다. 그때 한 사람이 일어나더니 그 사람과 안수받은 이들 모두를 자기 집으로 초대한다고 했다. 아마도 이 도시의 유력자인 듯했다.

모두 그의 말에 따라 자리를 옮기고 있을 때, 나는 인사를 하기 위해 그 사람에게 다가갔다. 그러자 그가 "당신도 안수받으려고 하오?" 하고 물었다. 나는 순간 멈칫하며 예수라는 사람이 처형되기 전날 밤 빵과 포도주와 음식을 제공한 사람이 나라고 말했다. 그는 그럼 그 다락방 여주인의 아들이냐고 다시 물었다. 나는 그렇다고 하면서 그를 안다고 말했다. 그러자 그가 나의 손을 덥석 붙잡더니 기도하기 시작했다. 그때 마음에 어떤 동요가 있었지만 애써 그 감정을 억눌렀다. 한참을 기도한 후 그가 말했다.

"나는 게바라는 사람이오. 당신은 마리아 님의 아들 마가가 아니시오? 마리아 님과 당신의 후원이 우리에게 얼마나 큰 힘이 되는지 모르오. 우리 모든 그리스도인이 고마워하고 있소."

헬라 이방인들이 예수당 사람을 '그리스도인'이라고 부르기 시작하자, 예수당 사람들도 자신들을 그렇게 칭했다. 게바도 그랬다.

"제가 무슨 도움이…. 저는 예수당, 아니 그리스도인이 아니고, 어머니와 바나바 삼촌이 열심을 냈지요. 저는 단지 장사하는 사람일 뿐입니다."

"우리에게 후원도 많이 하고, 어려운 사람도 많이 돕는다고 우리 그리스도인 사이에서 칭찬이 자자합니다."

그러면서 게바는 옛날 일을 생각하는 것 같았다.

"마가 당신은 예수님이 붙잡히시기 전날 밤 우리를 모두 보았지요?"

"자세히는 못 보았지만, 게바 님은 기억해요."

게바는 얼굴이 붉어지며 말했다.

"나는 예수님의 제자로서 그분을 모른다고 세 번이나 부인한 사람이오. 많은 사람이 이 사실을 알지만, '네가 새벽 닭이 두 번 울기 전 나를 세 번 부인하리라'라고 하신 예수님의 말씀을 듣고, 또 그 현장을 목격한 사람은 마가 당신이 유일하지요. 나는 그때 제사장의 집에서 빠져나오면서 예수님과 눈이 마주쳤다오. 예수님의 눈빛은 어서 가서 또 내가 할 일을 하라는 눈빛이었어요. 원망도, 나무람도 없는 나를 사랑한다는 그 눈빛을 보고 나는 제사장 집에서 나오자마자 땅바닥에 쓰러져 통곡하고 있었지요. 얼마나 부끄러웠는지 한참을 울고 있는데 한 청년이 알몸으로 도망을 가더군요. 나중에 다른 제자들과 다락방에 모여 있는데 마리아 님이 이야기하더군요. 당시 아들을 보내 정황을 살펴보게 했는데 옷을 잃어버리고 왔다고. 순간 그 청년이 마가 당신이라는 확신이 들면서, 언젠가

꼭 만나 나의 모든 속마음을 털어놓아야겠다고 결심했지요. 그때 도망치던 일로 동질감을 느끼겠구나 하는 생각이 강하게 들었기 때문이지요."

"네, 그때 그 청년이 바로 저입니다. 예나 지금이나 목소리는 똑같고, 오히려 더 우렁차더군요. 그때는 예수가 십자가에 처형을 당하리라고는 생각하지 못했기에 예수를 모른다고 하신 것 아니었어요?"

"예수님은 이미 몇 번이나 자기가 고난을 받고 십자가에 달려야 한다고 말씀하셨어요. 그리고 삼 일 후에 성전을 다시 짓겠다고 하셨지요. 예수님과 함께 있을 때는 그 말이 무슨 뜻인지 도무지 알 수가 없었어요. 그런데 예수님이 돌아가시고 다시 살아나신 다음 우리에게 나타나셔서 사십 일간 모든 것을 가르쳐주시고 승천하셨지요. 지금은 예수님이 말씀하셨던 모든 것이 다 이해되고, 내 속에서 알 수 없는 능력이 나를 끌어가고 있어요. 예수님은 우리에게 성령을 받으라고 하셨는데, 그 성령이 그 모든 것을 밝혀주는 것 같아요. 마가 님은 공부를 많이 했다고 들었어요. 그러나 어부였던 나는 헬라어도, 로마어도 말은 할 수 있어도 글자는 잘 모르거든요. 그럼에도 헬라 지역에서 예수님을 전하는 데 부족함이 없는 것이 이상하지요. 지식이 부족한 우리도 이러한데, 만약 마가 님이 우리와 함께 사역한다면 우리에게 얼마나 큰 힘이 되겠어요? 어머니 마리아 님과 바나바 님도 무척이나 기뻐하시겠죠."

도대체 예수라는 사람이 무엇을 어떻게 했길래 이 사람들이 그를 신으로 생각하며 이렇게 고생스럽게 전도 활동을 하고 있는 것인가? 이참에 나는 게바와 동행하면서 예수에 대해 자세히 알아보기로 했다.

"제가 게바 님을 어떻게 불러야 할까요? 선생님으로 부르면 어떨까요? 앞으로 저에게 많은 가르침을 주세요."

"허, 나는 무식쟁이요, 아는 것이라곤 예수님뿐이오."

"그분의 가르침과 그분 자신에 대해 저에게 말씀해 주시면 제가 잘 새겨듣겠습니다."

사실 바울 선생은 철학적 사고와 규범과 학문적 지식과 율법에 더하여 예수의 신적 지위를 부각시켰지만, 게바는 소박하게 예수의 가르침과 성령의 능력만 의지하는 것 같았다. 바울의 가르침에는 논쟁거리가 될 만한 것이 있었지만, 게바는 사실적인 것만 이야기하니 논쟁거리가 되지 않았다. 게바는 사실에 초점을 맞추고 있다면, 바울은 교리적인 면을 강조한다고 볼 수 있었다. 나는 오히려 게바의 꾸밈없는 예수 이야기에 더 끌렸다.

게바는 사람들이 모였을 때 주로 예수에 대해 이야기하고, 귀신 들린 자와 병자의 치유를 위해 기도한 뒤, 마지막으로 그리스도인이 되기를 원하는 사람들에게 세례를 베풀고 안수기도를 해주었다. 이해할 수 없는 일은 그가 그렇게 기도하며 안수할 때마다 귀신이 떠나가고 병든 자가 고침을 받는 것이었다. 이 소문이 널리 퍼지기 시작하면서 게바가 아고라에서 집회를 열면 많은 사람이 모여들었다. 그는 이러한 일을 반복하면서 예수를 전하고 있었다.

나는 북아시아 지역을 게바와 같이 다니면서 그를 도와 통역을 해주고, 동시에 나의 상업 활동도 했다. 각 지방의 방언이나 지역적 언어가 있기에 일반적인 헬라어로는 소통이 되지 않을 때가 많았다. 그럴 때마다 내가 통역을 해주며 게바의 말을 전달했다. 그들은 오히려 내가 하는 말을 더 잘 이해했다. 그나마 수사학이나 웅변술은 헬라 교육 기관에서 기본적으로 가르쳤기에 알렉산드리아에서 배운 것이 유용하게 쓰였다. 그러나 한편으로는 예수에 대해 깊이 알지 못했기에 통역이 어색할 때도 있었다. 예수가 죽은 나사로를 살린 이야기는 통역은 했지만 내 안에서 올라오는 반감은 어쩔 수가 없었다. 이런 일을 눈치 챈 게바는 시간이 날 때마다 나에게 예수에 대해 이야기해 주었다. 예수의 어릴 적 이야기나 그 흔한 족보 이야기, 또는 가족 이야기도 없이 곧바로 예수가 바로 하나님의 아들이자 메시아라고 단언하면서 세례 요한의 이야기부터 시작했다.

나는 게바의 이야기를 들으면서 이 내용을 기록해야겠다고 생각했다. 기록하는 것은 어렵지 않았다. 매일 쓰는 장부에 그날 들은 이야기만 더하면 되는 것이었다.

"게바 님. 그런데 왜 죄 사함을 받기 위해 성전에서 속죄제를 드리지 않고 물로 세례를 받나요? 유대 율법에 물로 죄 사함을 받으라는 내용은 없지 않나요?"

"성전에서 피 뿌림으로 드리는 속죄제는 지금 너무 율법적으로 변질되어 진정한 내면의 죄 사함을 이룰 수 없기에 하나님이 기뻐하시는 제사가 아닙니다. 그러나 물 세례를 통한 죄 사함은 더 깨끗한 자신을 하나님께 드리는 정결한 의식입니다. 레위 지파가 아닌 베냐민 지파가 제사장이 되고, 하나님의 영이 떠난 성전에서 드리는 속죄제는 이제 더는 의미가 없어요. 이런 물 세례를 통한 정결 의식이 죄 사함으로 이어지게 된 것은 광야에서 살아가는 에세네파가 받은 계시의 영향인 듯해요.[26] 그리스도인이 되기 위해서는 물로 세례를 받는 것이 필요하지만, 이제 우리 주님은 성령으로 세례를 베푸시지요. 성령을 받으면 권능을 받아 하늘의 복된 소식을 전할 수밖에 없어요. 마가 선생도 세례와 안수를 받겠소?"

"아니요. 저는 아직 그리스도인이 되기보다는 장사꾼으로서 할 일이 많습니다. 예수가 정말 하나님의 아들이요 신이라면 언젠가는 저도 그리스도인이 되겠지요. 그리고 제가 태어나면서 당연히 유대인이 된 것처럼 모든 유대인이 그리스도인이 되지 않을까요?"

"그런데 지금 그리스도인을 박해하는 사람들이 바로 유대인들이라오."

"네, 실상은 그렇지요. 유대인 율법학자들과 제사장들은 예수를 하나님의 아들로 인정하지 않으니까요. 그러나 언젠가는 인정하는 날이 오겠지요. 그건 그렇고 예수님에 대해 계속 이야기하시지요. 저는 게바 선생님 이야기로 예수에 대해 많이 배우고 있습니다."

"나는 문자를 모르니 마가 선생이 이 이야기들을 잘 기록해 주세요. 예수님이 마지막으로 승천하실 때 가신 모습 그대로 곧 다시 오신다고 했는데 늦어지는가 봅니다. 예수님이 오시기 전에 우리가 세상을 떠나면 이 이야기들을 누군가가 세상에 알려야 할 텐데, 마가 선생이 이렇게 낱낱이 기록해 주니 너무나 감사한 일입니다."

북아시아 지역을 도는 내내 나는 게바와 동행했다. 게바는 예수

이야기를 할 때면 마치 다른 사람인 것처럼 보였다. 확신에 찬 목소리에 눈빛이 강렬해지고, 언변도 거침이 없었다. 세상적인 논리나 지식은 전혀 사용하지 않았다. 바울과는 분명 달랐다.

나는 열심히 게바가 들려주는 이야기를 정리해 나갔다. 최대한 나의 생각과 판단은 배제했고, 유대적인 것도 가능한 한 기록하지 않았다. 세례 요한의 이야기부터 시작해 예수의 수많은 기적과 이적, 그리고 병 고친 이야기, 십자가 사건과 부활, 승천 등 세상을 돌아다니며 들은 이야기를 게바를 통해 생생하게 다시 들으며 체계적으로 정리할 수 있었다. 그리고 정리한 내용은 게바에게 다시 들려주곤 했다.

"게바 선생님."

"말하시게."

이제 게바는 나를 좀 편하게 대하는 듯했다.

"지금까지 예수에 대해 저에게 말씀해 주신 내용을 정리했는데 한번 들어보시겠습니까?"

약간의 헬라적인 지식과 표현을 가미했지만 그 내용의 중심은 예수였다. 나도 예수에게만 관심이 있었기에 그 외의 이야기는 모두 제거했다. 게바는 자기가 예수를 모른다고 말한 뒤 통곡하던 장면에서 왜 에둘러 먼저 돌아갔다고 썼는지를 물었다. 나는 게바와 제자들의 이야기를 가감 없이 적었지만, 그가 예수를 부인한 이야기는 들은 대로만 적었다. 예수가 십자가에 처형당할 때 도망가 숨어 있었던 그였던지라, 그가 예수를 부인한 장면까지 적나라하게 적는 것은 오히려 나에게 부담이 되었다. 게바가 예수와 동행하며 개인적으로 느낀 감정 등은 적지 않았다. 가끔은 자기 이야기를 하면서 예수에 대해 가졌던 자기의 바람이나 감정을 드러냈지만, 나는 게바가 아니라 예수에 대한 이야기만 사실적으로 추렸다.

"예수님에 대해 이렇게 잘 정리해 주어 정말 고맙구나. 예수님의 어록도 있고, 막달라 마리아도 우리보다 예수님에 대해 더 잘 알지만, 이렇게 체계적으로 정리한 것은 네가 처음이다. 그건 그렇고, 나의 속이야기를 좀 해볼까? 난 예수님이 우리 유대인이 바라던 메시아라고 생각했어. 그래서 꿈에 부풀어 있었지. 우리 제자들도 열두 명으로 유대 지파를 상징했고, 요한은 그 모친까지 나서서 예수님과 가까운 자리를 부탁했지. 그런데 어느 때부터인가 예수님께서 자꾸만 자신이 고난을 받고 십자가에 달려야 한다는 거야. 그래서 나는 그래선 안 된다고, 그게 무슨 말이냐고 화를 내곤 했지. 가룟 유다도 가끔 나에게 언제쯤 예수님이 세상에 권능을 행하실지 묻곤 했고. 사실 우리 열두 제자도 다른 무리들처럼 세상적인 욕망이 있었지. 예수님이 기적과 이적을 행하시고, 수천 명을 먹이시고, 물 위를 걸으시고, 병자들을 고치시니 이제는 세상적인 권력만 잡으면 된다고 모두 고대하고 있었어. 그런데 자꾸 이상한 말씀을 하시니까 가룟 유다가 제사장들을 끌어들인 거야. 그리고 거사일을 유월절로 잡은 거지. 그런데 예수님이 아무런 저항도 없이 잡혀가시자 유다는 크게 절망했어. 그러다 자신의 잘못을 깨닫고 괴로워하다가 제사장들에게 받은 돈을 돌려주고는 그만 스스로 목숨을 끊고 말았지. 그 후 우리는 모두 뿔뿔이 흩어져 어찌할 바를 몰랐어. 마가 자네 어머니가 내어준 그 다락방이 유일한 우리의 은신처였지. 그런데 예수님이 부활하신 후 우리에게 찾아오셔서 40일간 함께 지내며, 그전에 3년 넘게 우리에게 가르쳐주신 것들을 깨닫게 해주셨어. 그리고 성령을 우리에게 주시고 승천하신 거야. 그래서 우리는 그동안 우리가 바라던 세상적인 권력이나 출세가 아닌 진정한 하나님의 권능을 우리 주님을 통해 깨닫게 되었지. 지금은 예수님이 우리에게 말씀하신 것들의 의미를 잘 알지만, 그때는 잘 몰랐었어. 우리가 지금 예수님의 이야기와 가르침을 꾸밈이나 가감 없이 그대로 전하는 것도, 각자가 성령을 받고 깨닫는 것이 예수님께서 원하시는 바라고 생각하기 때문이야. 그것을 마가가 이렇게 문자로 정리해 주니 정말 고마울 따름이지. 솔직히 우리는 문자를 잘 모르니 답답했어. 바울은 이 모든 것을 뛰어넘어 그 의미를 체계적으로 세우려고 많이 노력하더군. 바울 덕분에 교회의 체계가 잡히고, 우리 예수님이 다른 신전의 신들과 구별되어 우리에게 큰 힘이 되었어. 바울이 아니었으면 하나님의 크고 놀라운 비밀을 알 수 없었을 거야. 율법과 믿음, 그리고 하나님의 선물인 예수와 성령의 문제를 어찌 우리가 풀 수 있었겠어? 바울은 준비된 예수님의 사도더군. 헬라의 지식과 철학에 뛰어난 바울이 이러한 역할을 하고 있는데, 마침 마가 자네는 알렉산드리아에서 공부를 했다고 하더군. 알렉산드리아 학파의 현실적인 문제에 대한 해결 능력은 이미 뛰어나다고 소문이 자자하지. 그래서 마가 자네에게 부탁을 하고 싶어. 예수님의 행적을 널리 알리는 일은 바울의 사역에 못지않은 일이야. 이것을 부탁하네."

이제 우리는 갈라디아 지방을 지나며 그동안의 동행을 멈추게 되었다. 게바는 성령의 능력으로 유대인과 유대교로 개종한 헬라파 유대인을 상대로 아시아와 시리아 지역에서 전도하고 있었다.

그는 가는 곳마다 귀신을 쫓고 병자를 고치고 예수의 가르침을 전했다.

나는 게바와 헤어지기 전 그에게 안수와 세례를 받았다. 가슴에서 알 수 없는 무언가가 울컥하며 어떤 새로운 영이 내 안에 채워지는 것 같았다.

"이제 자네도 성령을 받은 게로군."

"게바 님은 이제 제 영적 아버지가 되었습니다."[27]

"그래, 이제 앞으로 나를 아버지라 부르게. 나는 오늘 하나님께 아들을 받은 것이네."

갑자기 의도치 않게 나는 게바의 아들이 되어 버렸다.

게바와 같이 아시아 지역을 다니면서 그를 통해 예수의 행적을 사실적으로 기록하고, 성령의 이끄심도 경험하고, 안수와 세례까지 받으면서 나는 소위 그리스도인이 되어 갔다. 어머니와 바나바 삼촌이 내가 그리스도인이 되기를 간절히 바라고 기도했지만, 나는 헬라의 수많은 신과 마술사들을 경험하며 진정한 신은 없다고 단정하고 있었다. 이런 나를 변화시킨 것은 게바를 통해 작용한 어떤 보이지 않는 힘이었다. 나는 언젠가 바울이 말한 로고스라는 것이 이런 것인가 하고 생각하게 되었다.

게바와 헤어지고 나는 그가 나에게 말해준 것을 정리하기 위해 갈라디아 지방의 한적한 곳에 머물렀다. 유대적인 지식과 헬라 문화에 익숙한 나는 게바의 이야기와 내가 돌아다니며 직접 들었던 예수 이야기, 바나바 삼촌과 어머니의 이야기 등을 총망라하여 몇 번이나 고치고 또 고치며 글을 정리했다. 그리고 문체는 누구나 읽기에 부담이 없도록 객관적인 방식을 택했다. 게바가 메시아로 인정하는 예수의 신적 지위에 대한 이야기도 넣었다. 그러나 예수를 미화하지는 않았다. 고난받는 메시아로서 인간이 닮을 수 있는 최고의 덕목으로 겸손을 강조했다. 로마 황제도 신격화되고, 아데미나 바쿠스 같은 우상도 신으로 숭배되었지만, 이들과 다른 예수의 신격화는 지금의 시대에 그들과는 다른 가치가 있었다. 예수의 복음은 헬라 철학이 감당하기 벅찬 느낌이었다. 세상적인 가치로 설명할 수 없는 그 이상의 것을 제시하고 있었다.

대략 정리를 마친 후 나는 에베소로 가서 책 만드는 사람을 찾았다. 책 만드는 사람들에는 두 부류가 있었다. 이야기를 만들어 내는 부류와 누군가의 기록을 그대로 베껴 쓰는 부류였다. 이들은 대부분 유명인의 이름을 도용해 책을 만들고 시중에 팔아 돈을 벌고 있었다. 나는 책 만드는 업자에게 점 하나도 바꾸지 말라고 신신당부해, 게바에게 들었던 예수의 이야기를 책으로 만들었다. 아마도 이 책이 돈이 된다며 이 업자들이 사본을 만들어 시중에 유통할 것이라는 생각이 들었다. 실제로 이들은 훗날 내가 마가인 줄 알고 저자를 마가로 해 책을 유통시켰다. 내 이름도 헬라 지역에서 제법 알려져 있었기 때문이다.

이제 나의 본업인 장사는 각 지역 책임자에게 맡겼다. 그리고 나는 에베소에서 강론을 펼치고 있는 바울을 만났다. 게바와 같이 있었던 일을 말해주고, 예수에 관해 서로 이야기를 나누었다. 확실히 바울이 말하는 주제는 율법과 믿음, 죄와 구원, 예수의 재림과 하늘나라의 복원 등 형이상학적이고 고차원적이었다.

나는 이전에 바울의 이런 부분에 반감을 가지고 있었다. 세상의 현실적인 문제를 해결하려면 그런 일로 고통당하고 있는 사람들에게 직접 다가가야 한다고 생각했다. 그러나 아무리 세상을 돌아다녀봐도 가난하고 병들어 고통당하는 사람을 신의 이름으로 돕고 구원해 주는 사람은 없었다. 나는 수익의 일부를 그런 사람들을 위해 사용했다. 이러한 나의 자만심이 바울에 대해 좋지 않은 감정을 갖게 한 것도 사실이었다.

그러나 게바와 동행하면서 예수에 대해 알면 알수록 현실의 어려운 문제는 인간이 풀 수 있는 것이 아니라 신의 영역임을 깨닫게 되었다. 세상의 수많은 신이 자기를 위해 인간에게 굴레를 씌운다. 즉, 인간은 신을 위해 존재하는 것이다. 그러나 예수는 인간에게 자유를 주었고, 또 자신이 인간을 위해 스스로 제물이 됨으로 하나님의 뜻에 순종하는 최고의 겸손을 보여주었다.

바울은 나의 내적 변화에 크게 기뻐했고, 진짜 자기 동역자를 만났다며 내 손을 꼭 잡았다. 사실 바울은 사도이긴 하나, 예수가 이 땅에 계실 때 그를 따르지 않은 것이 그에게 큰 결점으로 작용하고 있었다. 사실상 게바는 교회를 세우고 전도에 탁월한 이론가로서 바울의 사도적 직분을 인정하고 있었다. 그러나 그리스도인들이 은근히 예수가 이 땅에 계실 때 직접 세운 제자들을 달리 대하는 것은 어쩔 수가 없었다. 이러한 상황에서 바울이 나와 또 다른 알렉산드리아 출신인 아볼로를 반기는 것은 당연했다. 아볼로도 바울처럼 예수가 활동할 당시의 제자가 아니었던 것이다.

나는 그동안 예수에 대해 기록한 책을 그에게 건넸다. 바울은 진작에 이 책 소식을 듣고 구입해 읽고 싶었다며 고마워했다. 그는 예수의 어록이나 기록을 구입해 읽고 쓰면서 예수 중심의 공동체 체계를 세우는 데 이용했다. 책 만드는 업자들이 이 책 사본을 만들어 유통시키는 것을 보면 이 책을 구입하려는 사람이 꽤 있는 것 같았다.

"형제 마가여."

"네, 바울 사도님."

나는 바울을 사도로 부르기로 했다. 예수 부활 이후 유대인과 이방인을 향한 그의 그리스도론은 예수 공동체의 표본이었다. 다른 사도들도 바울의 그리스도론을 따르는 입장이었다. 알렉산더 대왕이 지나간 경로를 따라 동방에 복음을 전하겠다고 떠난 도마 사도만 바울을 인정하지 않는 듯했다.

"우리는 신상도, 신전도 없는 무형의 예수를 신으로 모시는 사람들이오."

"그렇지요. 그것이 하나님의 계명이지요."

"그런데 지금 온 세상이 우상숭배로 망가지고 있어요. 사람들이 물질과 돈의 노예처럼 살고 있지요. 나 바울은 예수의 어록과 가르침과 행적을 연구하면서 그가 우리가 바라던 진정한 신이라고 단정했어요. 황제나 헬라의 신들은 인간을 구원할 수 없어요. 그들은 모두 자기 이익과 탐욕을 위해 인간을 이용하고 있을 뿐이지요. 그러나 예수는 세속 신들과 달리 스스로 십자가에 달려 죽음으로 인간에 대한 자기의 사랑을 확증했어요. 예수는 죽음으로 모든 것이 끝난 것이 아니라 죽음을 이기고 다시 살아났지요. 그리고 그 예수가 바로 내 앞에 나타났어요. 나는 지금까지 살아오면서 이런 경험이 처음이었어요. 그 후 나는 내가 사는 것이 아니라 내 안에 살고 있는 예수에 이끌려 살아가고 있어요. 예수가 십자가에서 육신의 죽임을 당한 것처럼 우리도 죽어야 산다는 것을 알게 되었지요. 그래서 나는 죽는 게 두렵지 않아요. 예수께서 다시 오실 때까지 우리가 받는 고난은 필수라고 하더군요. 나는 그 고난을 받아들이는 것이 구원으로 가는 과정이라고 생각해요. 죄가 죽어야 주님의 새 생명을 얻는 것이지요. 그리고 그 길을 주님께서 나에게 가라고 하십니다."

바울은 예수를 자기의 주님으로 받아들였다. 바울의 이런 이야기를 전에도 들었지만 지금은 제대로 이해할 수 있었다. 게바도 비슷한 말을 자주 했다. 그 역시 육신의 죽음을 두려워하지 않는다고 했다. 나는 게바와 바울을 통해 육신은 순간이요 영은 영원하다는 의미를 조금이나마 알 것 같았다. 게바는 오로지 예수를 통해 깨달은 것을 바울은 아마도 플라톤적 헬라 철학에 예수의 가르침을 더해 체득한 듯했다.[28] 이제 내 안에서도 뭔가 꿈틀거리는 움직임이 느껴졌다.

나는 에베소를 떠나 구브로로 갔다. 그리스도인들이 박해를 피해 그곳에 모여들고 있었기 때문이다. 바나바 삼촌이 그곳에서 그리스도인들을 이끌고 있었다. 베다니에 살던 나사로와 그 가족도 구브로에 있었고, 요한과 예수의 어머니 마리아도 구브로를 거쳐갔다고 했다. 요한과 예수의 어머니 마리아는 신분을 속이고 유대인들을 피해 다녔다. 나는 어머니 마리아와 바나바 삼촌, 그리고 각 지역의 믿을 수 있는 거래처를 통해 이들을 후원했다.

이곳 구브로 사정도 만만치 않았다. 유대인들은 그리스도인들을 핍박하고 괴롭히고 있었다. 그리스도인들은 공동체 생활을 하며 단결력으로 그들의 위해를 막아내고 있었다.

예수를 비롯해 예수당의 핵심 인물들은 모두 유대인이었고, 최초의 예루살렘 그리스도인 공동체도 유대인 집단이었다. 그리고 오순절에 베드로가 어머니 집 다락방에서 기도 중에 성령을 받고, 나면서부터 걷지 못하는 사람을 일으키는 기적을 일으키고 수많은 사람 앞에서 메시아 예수를 외칠 때만 해도, 예수당은 유대교의 한 분파였다. 그러나 점차 유대교의 율법과 전통과 교리에서 벗어난 메시아라는 예수를 유대인들은 인정할 수가 없었다. 특히 예수만 믿는다면 이방인도 유대인과 한 공동체가 된다는 것에 경악했다. 그래서 유대인의 정체성을 흐린다며 그리스도인들을 사마리아인들보다 더 심하게 차별하고 박해했다.[29]

유대인은 열 명 이상만 모이면 회당을 만들고 율법을 중심으로 서로 돕고 살았기에 협동심과 단결력이 뛰어났다. 헬라 시대 로마의 지방 자치분권 제도의 영향으로 이러한 유대인들의 회당 중심 공동체는 자연스레 강화되었다. 어디를 가든 유대인이 있는 곳이면 반드시 회당이 있었다. 이방인 중에는 이러한 유대인의 생활을 부러워하며 유대인이 되기를 원하는 사람들이 있었다. 그러나 입교 절차가 까다롭고 워낙 혈통을 중시하기에 주로 혼인을 통해 입교했다.

그런데 예수당은 예수를 믿고 세례와 안수를 받으면 예수당원이 될 수 있었다. 예수당이 유대교의 한 분파이기에 예수당원이 되면 곧 유대인이 되는 것인데, 유대인들은 이를 인정할 수가 없었던 것이다. 이에 예수당은 유대교에서 출교를 당했고, 헬라인들이 그리스도인이라 칭하는 것을 받아들이게 되었다. 이 모든 일에 기폭

제가 된 것은 바울이었다.

이제는 예수가 헬라 지역에서 신적 존재로 그 영향력을 넓혀가고 있었다. 유대인보다도 더 정결하고 바른 생활을 강조하며 예수의 가르침을 배우고 따르는 무리가 예수라는 신적 존재를 중심으로 윤리적이고 규범적인 생활을 했던 것이다. 유대인과 그리스도인의 충돌은 외관상 그리스도인이 유대인의 힘에 굴복당하는 것 같았지만, 사실 그리스도인의 숫자는 암암리에 늘어나고 있었다. 예수가 사람들의 조롱을 받으며 십자가를 졌지만 꺼지지 않는 불씨가 된 것처럼, 그리스도인의 생명력 역시 꺼질 줄 모르는 능력을 지니고 있었다.

"마가야."

"네, 삼촌."

"네가 우리 그리스도인을 다 살리고 있구나."

"글쎄요, 저도 장사를 하러 다니면서 일이 순조롭게 진행되어 다행이라고 생각해요. 아버지의 영향도 있고, 각 지역에서 도움을 많이 주네요."

"네가 가난하고 어려운 사람들을 많이 도우니 하나님께서 너에게 복을 주시는 것 같구나. 아무래도 나는 이곳에서 생을 마칠 것 같다. 옛적부터 우리 유대인들이 환난을 당하면 이곳으로 피난을 많이 온 것처럼, 그리스도인들도 박해를 피해 이곳으로 많이 온단다. 그런데 이곳 유대인들이 틈만 나면 나를 죽이려고 기회를 엿보고 있으니 언젠가는 그들의 손에 죽을 것 같구나. 바울도 여기 와서 고초를 많이 당하고 돌아갔단다. 그들의 회당에 갔다가 사십에 한 대 감한 매를 맞았지."[30]

"삼촌, 몸조심하세요. 삼촌은 이곳 양 떼의 목자시잖아요."

"그래야지. 마침 나사로가 여기 있어 큰 힘이 된단다."[31]

"예수의 어머니 마리아와 그 가족, 그리고 나사로의 누이들은 어디로 갔나요?"

"네 어머니와 같이 이곳에 왔다가, 예수의 어머니 마리아와 요한 사도는 에베소 쪽으로 갔고, 나사로의 누이들은 서바나 쪽으로 가는 배를 탔지. 예수의 동생 요셉은 네가 개척하는 베네토 지역으로 간다고 했고. 네 어머니는 이들을 배웅한 후 예루살렘으로 돌아갔단다."

어머니는 예루살렘에서 남은 생애를 보내기를 원하셨다. 레위

가문의 사람으로서 마지막을 예루살렘에서 보내고, 예루살렘의 그리스도인들을 보살피는 것을 자신의 소명으로 생각하고 있었다. 나는 사람을 고용해 어머니를 보살피게 했다. 그래서 어머니 소식은 금방금방 나에게 전해지고 있었다.

그리스도인들은 모두 은밀하게 이동했으며, 거처를 말할 때 자기들만 아는 암호를 사용하기도 했다. 특히 요한 사도와 예수의 어머니 마리아를 보호하는 데 신경을 많이 쓰는 듯했다.

나는 로마를 거쳐 베네토 지역으로 가기로 했다. 로마에서 거래하는 사람 중에 그리스도인이 있어 내가 정리한 그 책을 몇 권 주었다. 그들은 물건보다 그 책을 받고 더 기뻐하는 것 같았다. 아마도 그 책은 그들 모임에서 낭송될 듯했다. 로마를 떠나기 전에 게바를 만났다. 게바는 내가 기록한 책을 늘 가지고 다니며 그리스도인들의 모임에서 목소리 큰 사람에게 낭송하게 했다.[32] 게바는 나를 아들처럼 따뜻하게 안아주며 용기를 북돋아주었다.

마침내 베네토로 향했다. 그곳 소식통에 의하면, 어느 정도 공사가 진행되어 건물을 지을 수 있는 땅도 생겨났다고 했다. 공사 상황도 점검하고, 그곳에 모여드는 사람들에게 안정감을 주기 위해 법적인 문제도 서둘러 해결해야 했다.

배를 타고 가는 도중 풍랑이 일어났다. 바람이 점점 더 거세지더니 파도도 덩달아 높아졌다. 배가 상하좌우로 흔들리고 사람들은 비명을 질렀다. 배를 많이 타보지 않은 사람은 토사물을 쏟아내며 힘들어했다. 나는 배 하단부로 내려가 흔들리는 배에 몸을 맡기고 가만히 누워 있었다. 시간이 지날수록 바람은 더 거세지고 폭풍우도 심상치 않았다. 나는 기도했다. 그리스도인들이 주님으로 모시는 예수를 찾았다. 갑자기 낯익은 얼굴이 눈앞에 나타났다. 어머니 집 2층 다락방에서 제자들과 함께 있었고, 또 제사장 집에서 심문받던 그 얼굴이었다.

"네가 왜 나를 찾느냐?"

"풍랑이 멈추게 해주십시오."

"너는 나를 한 번도 주님이라 하지 않았다. 그런 나에게 왜 부탁을 하느냐?"

"저도 당신의 피조물입니다. 창세 이래 천지 만물의 주인이신 하나님이 선택한 아브라함의 자손입니다."

"흠. 그런데 그들이 나를 십자가에 매달더구나."

"당신이 진정 메시아입니까?"

"게바와 바울의 증언과 같다. 지금까지 일어난 일을 보고도 믿지 못하느냐?"

"왜 메시아임을 스스로 드러내지 않았습니까?"

"믿음의 씨는 그들 모두에게 떨어졌으나, 돌밭이 대부분이라 결실이 없구나."

"이제부터 저도 주님의 사람으로 받아주십시오."

"나를 믿는 자는 다 나의 제자요, 친구요, 동역자다. 너는 이제 하늘나라의 증인이 되어야 한다. 증인이 된다는 것은 하늘나라의 제물이 된다는 뜻이다. 이제 네 생명은 네 것이 아니라 하늘 아버지의 것이다."

"주님의 뜻대로 하십시오."

나는 무릎을 꿇고 바닥에 엎드렸다. 하나님께서 보내신 예수와의 만남은 유대인이자 창조주 하나님의 백성인 나를 순식간에 그리스도인으로 만들어 버렸다. 완전히 바닥에 엎드려 있던 나는 갑자기 평온함을 느꼈다. 서서히 폭풍우가 멈추고 바람이 잠잠해지며 배에 평온이 찾아왔다. 간판 위로 올라가니 어느새 배는 베네토에 다다르고 있었다. 바람과 태풍이 사람의 힘보다 훨씬 빠르게 배를 이동시켜주었다.

'예수가 나를 만나기 위해 이 배를 이렇게 흔들었구나'라는 생각이 들었다. 나는 그동안 말로만 듣던 부활하신 예수를 직접 보고 성령을 체험하게 되었다. 사도들과 바울의 그 확신에 찬 담대하고 용기 있는 전도 활동이 이해되면서, 이제 내 안에서 메시아 예수의 주체할 수 없는 능력이 움직이는 것을 느낄 수 있었다.

예수가 하늘나라의 제물이 되는 것을 소명으로 주셨다면, 나는 이제 그것을 받아들일 시간이 된 것이다. 강건해야 팔십이라는 육신의 유한한 세계에 살면서 불멸의 영혼을 위해 지금 나는 무엇을 해야 하는가?[33] 언제까지 썩어 없어질 육신의 세계를 위해 살아야 하는지 회의감이 몰려왔다. 이제 나의 모든 사업을 정리해야겠다고 생각했다.

베네토는 여러 섬을 다리로 연결하고, 토목 작업과 성토 작업을 마쳐 어느새 건물을 지을 수 있는 땅이 되어 있었다. 그리고 사람들이 조금씩 모여들고 있었다. 나는 그곳 공사 책임자들과 장로들을 불러 모았다. 그리스도인들의 지도자로서 예수의 동생인 요셉도 불렀다. 알렉산드리아에서부터 시리아와 아시아 지역에서 온 사람들까지 지역과 민족을 초월한 사람들이 모였다.

나는 그들에게 단체 조합을 만들고 나의 모든 소유권을 조합에 양도하겠다고 했다. 로마법은 단체라는 법인을 만들면 개인과 동일한 법적 자격을 부여하고 있었다. 그리고 이곳은 농토가 없으니, 이곳에서 생산되는 금속품과 수공예품을 가지고 상업 활동을 하고, 아시아 내륙이나 농토를 찾아 무역을 하라고 조언했다. 아울러 장사는 신뢰와 정직과 겸손이 선행되어야 하며, 손해를 보더라도 약속은 지키라고 했다. 이것은 내가 아버지에게서 배운 것이었다. 눈앞의 이익을 포기하면 먼 훗날 더 큰 이익으로 돌아온다는 것을 아버지를 통해 깨달았다.

나아가 자치 법규를 만들고 모든 사람이 공평하게 지분을 나누어 갖도록 했다. 또 새로운 사람이 조합에 들어오면 일정한 교육을 통해 기술이나 자질 등을 점검해 조합원의 지위를 부여하도록 했다.

그뿐 아니라 예수를 주님으로 모시고, 다른 신을 섬기지 말며, 신전도 우상도 만들지 말고, 오직 예수의 가르침과 사도들이 공동체에 당부한 내용을 배우고 익히며 실천하도록 했다. 그리고 특별히 건물들이 들어선 이곳 지명을 '베네치아'라고 부르게 했다. 어차피 이곳은 로마의 영향력 아래 있으니, 헬라적인 것을 버리고 라틴어를 사용하며 로마인의 법과 풍습을 따르게 하기 위함이었다. 즉,

적절한 세금을 내면서 로마의 보호를 받도록 했다.

이곳 상황이 어느 정도 정리되면서 나는 예루살렘으로 향했다. 그리고 각처의 지점들과 거래처에 독립하도록 하고, 그들에게도 모든 소유권을 넘겨주었다. 다만 그들에게 그리스도인이 되어 가까운 그리스도인 공동체에 합류하도록 했다. 이들은 예수 공동체의 재정적인 부분에 큰 보탬이 되었다. 재정과 같은 현실적인 문제는 어디서나 큰 숙제였던 것이다. 최근 유다와 시리아 지역에 큰 흉년이 들었지만, 그리스도인들이 서로 도우며 잘 넘긴 것도 이들의 힘이 컸다. 그렇게 되자 경제적으로 어려운 사람들 중에 예수를 찾는 사람이 늘어났다. 그럴수록 로마 당국과 유대인들의 감시와 경계의 강도가 높아지는 것이 우려스러웠다.

예루살렘에 도착해 어머니를 뵈었다. 2층 다락방은 여전히 그리스도인들의 모임 장소로 쓰이고 있었다. 그러나 외관상으로는 그런 낌새가 전혀 없었다.

사도 요한의 형제 야고보가 이곳에서 본보기로 순교를 당한 후 동방 인도로, 남방 에티오피아로, 서쪽 섬으로 예수의 도를 전하러 떠난 사도들의 순교 소식이 계속해서 들려왔다. 로마로 들어간 바울과 구브로에 있는 바나바 삼촌과 나사로도 위험하긴 마찬가지였다. 그 외 이름 모를 순교자도 많았다. 이들은 인류의 죄를 위해 십자가에서 피 흘린 예수의 피에 더해 세상의 죄를 씻는 피를 흘린 셈이었다. 그런 상황을 지켜보면서 나의 미래도 어느 정도 예견되었다. 예수의 환상 중에 속죄제의 제물이 될 것이라는 말씀이 나에게 임했기 때문이다. 이를 어찌 피할 수 있단 말인가?

그러려면 홀가분해야 했다. 게바에 의하면, 예수는 전도를 위해 제자들을 내보낼 때 몸에 아무것도 지니지 말라고 했다. 예수도 부모를 떠나고, 고향을 떠나고, 형제자매를 떠나 외투 하나 남겨두고 십자가에 달렸다. 게바도 아내와 딸을 떠나 예수의 길을 따르고 있었다. 나도 어머니와 나를 닮은 내 아이를 떠날 준비를 해야 했다. 그러나 당분간은 예루살렘에 머물면서 가족과 그리스도인들을 돌보기로 했다. 어머니는 연세가 많으셔서 거의 집에만 계셨다. 그리고 오히려 나에게 마음껏 주님의 일을 하라며 격려했다.

나는 예수의 형제 야고보를 만났다.

"마가 형제. 그동안 우리 그리스도인들을 아낌없이 후원해 주어 감사하오."

"그리스도인들은 작은 것도 서로 나누며 살아, 저로서는 부담이

적었지요. 부족해도 서로 양보하며 공평하게 나누었기에 부족함이 없었던 것 같습니다."

"흉년이 들 때마다 긴급히 보내준 연보 덕분에 우리가 어려움에서 벗어나곤 했지요. 그것을 통해 우리 그리스도인들이 또 어려운 사람들을 도울 수 있었어요. 형제의 어머니 마리아도 우리를 은밀히 돕고 있어요. 그래서 우리가 예루살렘에서 버틸 수 있는 것이지요. 참, 게바가 보내온 서신을 보니 형제가 정리한 책이 있는 듯한데, 이곳 예루살렘에도 사본을 남겨 놓으시면 도움이 될 것 같습니다."

"네, 당연히 드려야지요."

"마침 이곳에 서기관이었던 그리스도인이 있어 더 많은 사본을 만들어 보급할 수 있을 듯합니다. 마가 형제의 책이 있어 얼마나 고마운지 모르겠습니다."

"게바 님이 이야기해 준 내용을 저는 그저 받아적었을 뿐입니다."

"게바는 형제를 아들 같은 존재라고 하더군요. 영특하고 그리스도의 품성을 닮은 데다 헬라 지식에도 뛰어난 인재라고 했어요. 그런 분이라고 하니, 부탁 하나 드리고 싶어요."

"네, 말씀하시지요."

"북쪽에서는 바울과 게바의 활동으로 그리스도인이 크게 늘어났는데, 남쪽 지역은 빈약해요. 마태가 에티오피아로 내려갔지만, 정작 알렉산드리아에는 예수에 대해 아는 사람이 없어요. 그곳은 워낙 세상 지식과 문물이 발달한 곳이라 예수의 도를 전하는 것이 힘들다고 합니다. 마가 형제는 알렉산드리아에서 공부하고 그곳 사정도 잘 아니, 그곳에 가서 북쪽의 바울과 게바와 같은 역할을 해 주세요."

알렉산드리아에서는 새로운 것을 전하려면 설득이 필요했다. 지식인들이 서로 토론할 때 그 사람의 논리가 월등하다는 것이 증명되어야 그의 말과 이론을 인정했다. 알렉산드리아의 도서관에 예수에 관한 책은 없었다. 그만큼 예수의 가르침은 생소하고 새로운 것이었다. 다만 유대 각 지파 서기관들이 헬라어로 편집한 하나님의 말씀과 유대인의 행적을 기록한 책이 있었는데, 율법학자 필로가 이것을 변증하고 있었다.

예수도 유대인으로서 유대적인 기초가 있지만, '메시아' 예수에 대한 이야기는 또 다른 새로운 논리가 필요했다. 게다가 애굽에는 유대인이 많이 살고 있었다. 예루살렘이 바벨론에 함락될 때부터 시작해, 유대에 변고가 있을 때마다 유대인들은 애굽으로 피신했다. 유대인 중에 예수를 믿는 이들도 있었지만, 예수를 메시아로 인정하지 않는 유대인들은 이미 예수를 적대시하고 있었다. 애굽의 디아스포라는 스스로 결속력을 강화하기 위해 다른 지역보다 더 규율을 강조하며 엄격한 체제를 유지했다. 이는 알렉산드리아에서도 마찬가지였다. 지식적인 교류는 인정하지만, 유대인들의 율법과 관습에서는 양보가 없었다.

"험한 곳에 보내게 되어 미안하고 마음이 무겁습니다."

"성령의 도우심을 힘입어 복음을 전하겠습니다."

야고보가 서명한 친서를 들고 나는 알렉산드리아로 향했다. 나는 다시는 이곳으로 돌아오지 못할 것 같다는 생각이 들었다. 그런데 오히려 마음은 평온했다. 예수가 그러했듯이, 나의 생명은 하늘의 뜻이 이 땅에서 이루어지게 하는 일에 거름이 될 것이다.

나는 알렉산드리아에 도착해 거래처들을 찾았다. 거래처 중에서도 아버지 때부터 거래하던 신발 가게부터 찾아갔다.[34] 보통 장사하는 사람들은 가죽신을 신고 다니는데, 먼 길을 오가며 발이 편해야 하기에 신발을 수선하는 신발 가게는 그들에게 필수적으로 들러야 하는 곳이었다. 아버지를 따라 알렉산드리아에 처음 왔을 때 맨 처음 들른 곳도 바로 이 신발 가게였다.

이곳 주인은 이제 노쇠해 젊은 조수가 일을 맡아 하고 있었다. 앳된 얼굴의 젊은 조수는 다부진 입술에 눈에 총기가 있었고, 정갈한 옷차림을 하고 있었다. 손에는 붕대를 감고 있었는데, 신발을 수선하다 다친 모양이었다.

"얘야, 네 이름이 무엇이냐? 나는 마가라고 한다."

내 이름을 밝히자 그는 갑자기 벌떡 일어나더니 나에게 큰절을 하면서 땅에 엎드렸다.

"마가 님 이야기는 알렉산드리아에도 널리 퍼져 있습니다. 거대한 상단을 이루셨고, 가는 곳마다 선행을 베푸셨다고 들었습니다. 로마 본토에서도 큰일을 하셨고요. 다들 장사꾼 중에 믿을 만한 사람은 마가 님밖에 없다고 말합니다. 이곳에서 공부하셔서 지혜와 지식도 뛰어나시다고 들었습니다."

"그런 이야기를 어디서 들었느냐?"

"온갖 상인들이 이곳을 거쳐갑니다. 그런데 모두 마가 님을 칭찬하며, 마가 님 이야기를 하고 갑니다. 그리고 저는 유대인들의 정결하고 단정한 생활을 좋아해 유대인들과 친하게 지내며 필로 님의 강연을 자주 들었습니다."

"너는 어디에서 왔느냐?"

"저는 애굽의 한 시골에서 살다 이곳 알렉산드리아를 흠모해서 왔습니다. 이곳에서 글도 배우고, 시간 날 때마다 도서관에 가서 책도 읽고, 광장에서 지식인들이 토론하는 것도 들으며 고향을 떠나 이곳에 오기를 정말 잘했다고 생각하고 있습니다. 참, 제 이름은 아니아노입니다."

"그렇구나. 그런데 손을 다친 것 같은데…?"

"네, 구두를 수선하다 좀 다쳤습니다."

"어디 좀 보자꾸나."

나는 그의 손을 잡고 기도했다. 그런데 순간 내 손이 뜨거워지는 듯하더니, 기도를 마치고 보니 젊은이의 상처가 씻은 듯이 나아 있었다. 아니아노는 눈이 휘둥그레졌다. 그리고 도저히 믿지 못하겠다는 표정으로 자기 손을 만지작거렸다.

"마가 님, 이게 도대체 어떻게 된 일입니까? 이곳에도 의사가 많지만 이렇게 빨리 고치지는 못합니다."

"이는 성령께서 하신 일이다. 차차 이 모든 일에 대해 너에게 알려주마."

아니아노는 경외감과 존경심이 가득한 눈빛으로 무릎을 꿇으며 나에게 말했다.

"저를 제자로 받아주십시오. 제 목숨이 다하는 날까지 스승님으로 모시겠습니다."

"허허, 그래, 그러자꾸나."

나도 아니아노가 맘에 들었다. 주님께서 예비해 놓은 동역자를 이곳에 도착하자마자 얻었다. 아니아노는 알렉산드리아 도시뿐 아니라 애굽의 전 지역을 속속들이 잘 알고 있었다. 이런 아니아노를 만난 것은 우연이 아니었다.

그리고 아니아노가 유대인이 아닌 것이 다행스러웠다. 보통 유대인은 이방인을 무시하며 잘 건드리지 않았고, 간섭하지도 않았다. 그들도 타국살이 중이고, 이방인과 분쟁이 생기면 로마법에 의해 조정을 받는데, 그것이 유대인에게 결코 유리하지 않았기 때문이다. 반면 유대인들 사이에서 생긴 분쟁은 그들이 자기들의 율법에 따라 조정했고, 로마 당국은 이들의 자치권을 인정했기에 이에 전혀 간섭하지 않았다. 그래서 아니아노는 유대인과 이방인 모두에게 폭넓은 접촉이 가능했고, 나를 위해 길을 안내하거나 애굽 방언을 통역할 수도 있었다. 마치 내가 게바와 다니며 했던 역할을 아니아노가 나에게 해줄 수 있었던 것이다.

"아니아노야, 여기 주인은 안에 계시냐?"

"네, 지금은 일을 모두 저에게 맡기시고 안에서 쉬고 계십니다. 주인님께 마가 님이 오셨다고 알리겠습니다."

길 쪽으로는 가게가 있고, 가게 안쪽에는 네모난 중정 중심으로 주거와 생활 공간이 있는 집이었다. 이층집으로 공간이 꽤 넓었다. 예루살렘의 집 생각이 났다. 안에서 초로의 노인이 맨발로 나왔다.

"어서 오게!"

"네, 어르신. 그동안 안녕하셨는지요?"

그는 나의 손을 잡고 눈물까지 글썽이며 반가워해 주었다. 아버지 때부터 거래를 해온 데다, 나 역시 알렉산드리아에 오면 언제나 이곳을 들렀다.

"자네 부친 덕분에 지금의 내가 있는데 이제는 볼 수 없으니 내가 어찌 안녕하겠는가? 그런데 자네를 보니 이제 죽어도 여한이 없겠구먼. 어서 안으로 들어오게."

시중드는 여자아이가 차를 내왔다. 여자아이는 단정한 옷매무새에 행동이 민첩하고 빈틈이 없어 보였다.

"이번에는 무슨 일로 여기에 온 건가?"

"저도 이제 이곳에서 오래 살아야 할 것 같습니다."

"무슨 일이 있는 건가? 듣자 하니 로마에서 큰일을 한다고도 하고, 그리스도인이 되었다고도 하고, 도시를 건설하느라 이곳에서 많은 기술자를 로마로 데려갔다고도 하던데 도대체 무슨 일인가?"

"다 맞는 말입니다. 그런데 무엇보다 이제 그리스도인으로서 제 인생의 마지막을 살아보려고 합니다."

"그리스도인이라면 유대의 예수를 따른다는 것인가?"

"네!"

"그 사람 십자가에 달려 죽었다고 하던데, 그럼 죄인 아닌가?"

"우리 모두는 죄인이지요. 그러나 그는 하늘에서 오신 분이라 죄가 없음에도, 죄 많은 사람들이 자기들의 기준으로 그를 죄인으로 만들어 십자가에 매달았지요."

"이곳에서 들어보지 못한 이야기 같은데, 흥미롭군. 어디 거처할 곳은 정했는가?"

"아니요. 무작정 왔습니다."

"그럼 잘됐네. 여기서 지내도록 하게. 우리 가족은 모두 조용한 곳으로 이주해 지금은 나와 아니아노와 집안일 하는 여자아이만 있다네. 그리고 그 예수 이야기를 나에게 틈틈이 해주면 좋겠네."

이곳에도 예수에 대한 소문은 나 있었지만, 그가 자칭 유대인의 메시아라는 것과 유대인에게 배척을 당해 로마 당국이 그에게 십자가형을 집행했다는 정도였다. 그런데 알렉산드리아에 오자마자 성도가 생겼다. 그것도 일당백의 사람을 주님께서 붙여주신 것이었다.

나는 바울과 게바가 했던 것처럼 유대인들이 모이는 회당으로 갔다. 어차피 부딪혀야 하는 일이었다. 그들이 나를 어떻게 받아들일지 조금 궁금했지만, 아마도 배척할 것이 뻔했다. 아버지 때부터 친밀감을 쌓아왔고, 전에 이곳에 있을 때 회당에 들러 율법을 공부하고 토론도 했기에 서로 거부감은 없었다. 그러나 예수 이야기를 하면 그들이 돌변할 것 같았다. 이미 그들은 예수를 유대교의 이단자로 낙인찍어 놓고 있었다. 예수가 우리 율법에서 말하는 메시아라는 것이 그들에게는 모욕적이었다. 그들은 이스라엘의 구원자로서 이스라엘을 독립시킬 초영웅적 메시아를 기다리고 있었다. 그러나 예수는 영웅이 아니었다. 애초에 그는 한 사람의 죄로 인한 인류의 죄를 대속하기 위해 인자로 세상에 오셨다. 이에 십자가에서 흘린 피로 단번에 인류의 죗값을 치르고 부활, 승천함으로 우리에게 영원한 생명의 길을 열어주셨다. 그러나 유대인들은 십자가에 처형된 예수가 메시아라는 사실을 모욕적으로 받아들였다.

우선 나는 그들에게 이전에 스데반이 했던 것처럼 조상들의 죄와 그들이 참 선지자를 배척한 예를 들었다.[35] 그리고 우리가 예수를 하나님의 아들이자 그리스도로 받아들이는 것이 하나님의 뜻이라고 말했다.[36] 예상대로 그들은 내 말에 죽일 듯한 기세로 반발했다. 그러나 나는 끝까지 우리는 우리의 죄를 회개하고 하늘나라의 소식을 들어야 한다고 강변했다.

유대인 중 한 나이 많은 장로가 일어나 말했다.

"여기 마가의 아버지는 우리에게 많은 도움을 주었고, 마가도 우리 동포로서 우리와 동고동락하며 우리에게 물질적으로 큰 혜택을 준 건 우리가 다 인정하는 사실이오. 우리 조상들이 하나님께 잘못한 죄로 인해 우리가 고초를 겪는다는 말을 우리는 새겨들어야 합니다. 마가의 말이 우리의 율법과 규율에 어긋나는 것이 사실이지만, 혹시 이것이 하나님이 말씀하시는 하늘의 소리라면 우리는 또 죄를 짓는 것이오. 그러니 이제 우리 손에 피를 묻히는 일을 하지는 맙시다. 마가의 회당 출입을 금지하고 그의 말은 배척하되, 우리 손으로 마가를 죽여 행여 우리 후손이 곤란을 당하게 하지는 맙시다."

장로의 말에 유대인들이 흥분을 가라앉혔다. 그들은 나를 회당에서 쫓아내며 다시는 회당에 출입하지 말라고 했다. 이제 회당은 나에게 장벽처럼 느껴졌다. 지금까지 회당은 각지를 돌아다니며 장사할 때 나의 안식처이자 피난처요, 보금자리였는데, 이제는 그들에게 쫓겨난 예수처럼 나도 그런 처지가 되어 버렸다.

저녁이 되면 아니아노가 나에게 찾아와 여러 가지 질문을 하며 궁금증을 해소했다. 나는 그에게 유대인 성경과 게바에게 듣고 기록한 책, 예수가 남긴 말을 적은 것, 바울의 글을 주었다. 영특한 아니아노는 시간 날 때마다 그 책들을 읽고 나에게 질문하며 지식을 습득했다.

"마가 님, 유대인의 메시아가 이방인인 저에게도 메시아가 될 수 있습니까?"

"아무렴. 예수를 주로 믿는 자는 누구나 구원의 은혜를 누린단다."

"마가 님이 주신 책을 모두 읽어 그 내용은 알겠는데, 아직 믿음이 무엇인지는 잘 모르겠습니다."

나는 아니아노의 신앙이 성숙할 때까지 기다렸다. 나도 바울의 말에 처음부터 전적으로 동의하지는 않았기에, 아니아노에게도 성급하게 믿음과 성령의 은사에 대해 말하지 않았다. 아니아노는 유대인의 성경도 알고, 율법도 알고, 관습도 어느 정도 알고 있었다.

"때가 되면 성령께서 너에게 임하실 것이다. 그때 안수와 세례를 받으렴."

"저는 마가 님이 먼저 안수와 세례를 주겠다고 하시기를 기다리고 있었습니다. 꼭 성령이 임해야 세례를 받을 수 있습니까?"

"아니다. 네가 그리스도를 네 삶의 주인으로 받아들일 준비가 되어 있다면 지금이라도 세례를 받을 수 있다."

"사실 우리 집에 있는 주인님과 그 여자아이도 세례를 받고 싶어 합니다."

"그래, 그럼 모두 함께 세례를 받고 그리스도를 주님으로 섬기자."

알렉산드리아에서 최초로 세례교인이 생겼다. 이 집 주인은 집을 나에게 맡기며 말했다.

"이제야 마가 자네 아버지에게 진 빚을 조금이나마 갚을 수 있게 되었군. 내가 어려울 때마다 자네 아버지가 많이 도와주었고, 사실 이 집도 자네 아버지가 가게를 차려주어 열심히 일한 덕에 장만할 수 있었네. 원래 주인에게 다시 돌려주는 것이니 나도 마음이 홀가분하군. 마지막 부탁으로 내가 죽거든 자네가 믿는 예수에게 기도해 주고 그분 뜻대로 장례를 치러주게."

아버지의 친구였던 이 집 주인은 나에게 이 집과 가게 등 모든 것을 맡겼다. 그리고 마지막으로 나의 손을 잡고 기도를 부탁하며 숨을 거두었다.

아니아노와 이 집 여자아이는 자기들의 고향에 같이 가서 그 부모와 가족에게 세례를 베풀어 달라고 했다. 어차피 이곳 유대인들은 강경하고도 엄격한 율법에 갇혀 있었다. 오래전 하나님의 말씀을 전하는 이사야를 죽인 무리가 바벨론을 피해 애굽으로 이주해 살고 있었고, 온건한 예레미야를 돌로 쳐 죽인 유대인들이 로마 시대까지 버티고 있었던 것이다. 이들에게 하늘의 평화와 사랑을 전하는 예수는 하잘것없는 인물이었다. 그러다 보니 오히려 신의 존재를 인정하는 애굽 사람 중에 세례를 받고 신도가 되는 일이 많아졌다. 이들 콥트 교인들은 서로 교제하며 자신들만의 교리를 정립해 갔다.

애굽 사람들은 고대부터 이 세상과 분리된 하나의 신에 대한 개념을 가지고 있었다. 신은 형체와 영이 하나로 합체되어 있으며 세상이 아니라 하늘에 속해 있는데, 잠시 세상의 형체로 사람에게 보인다는 것이다. 이에 바울이나 다른 이들의 신관은 그들이 이해하기에는 난감한 면이 있었다. 나는 스스로 하늘에서 인자로 이 땅에 오신 그리스도는 십자가의 고통을 고스란히 느낄 정도로 우리와 같은 성정을 가졌으나, 동시에 하늘에 속한 신의 본성도 가진

한 인격이라고 설명했다. 그러나 몇천 년이나 이어져 온 그들의 내재적 신관을 바꾸는 것은 쉽지 않았다.[37]

나는 아니아노에게 그리스도에 관해 심도 있게 가르쳤다. 혹 나에게 무슨 변고가 생기면 아니아노가 알렉산드리아뿐 아니라 애굽의 그리스도인들까지 이끌어야 했기 때문이다.

이곳에서는 가족 중심으로 복음을 전했다. 여럿이 모일 수 있는 신전 같은 건물이 없었기에, 세례를 원하는 사람은 각자 자기 집으로 나를 초청했다. 세례를 행하고 복음을 전하면서 도시의 분위기가 조금씩 바뀌어갔다. 이성적이고 계산적이며 자기중심적이던 사람들이 가난한 사람을 돕고, 병든 자를 돌보고, 나그네에게 잠자리를 제공하게 되었으며, 그들 역시 그리스도를 전하는 사람이 되었다.

그리스도에 대해 좀더 알기를 원하는 사람들은 내가 머무는 집을 교회 삼아 함께 모여 그리스도를 찬미하고 기도하며 예수의 말씀을 공부했다. 사람들이 많을 때는 무리를 나누어 아니아노가 한 무리를 가르쳤다. 집회를 할 때마다 성령이 이들에게 임했다. 이들은 자신이 죄인임을 고백하며 회개하고 메시아 예수를 자기 삶의 주인으로 받아들였다.

알렉산드리아에는 로마를 직항으로 오가는 배편이 있어 종종 로마 소식을 듣는다. 예루살렘, 안디옥, 에베소, 구브로, 로마, 그리고 베네토까지 그곳에 있는 예전 거래처 소식통들이 소식을 전해준다. 그들의 말에 의하면, 예루살렘에서는 주의 형제 야고보가 성전에서 유대인에게 끌려 나와 돌에 맞아 죽었다. 어머니도 나 닮은 내 아이의 손을 잡고 임종하셨다. 예수의 어머니 마리아와 그 친척들과 따르던 여인들은 모두 북쪽으로 거처를 옮겼다. 구브로에서도 바나바 삼촌과 나사로가 믿음을 지키다 죽었다. 나는 사람을 보내 바나바 삼촌의 시신을 수습하게 했다. 바나바 삼촌은 나를 끝까지 신뢰하며 지지해 준 아버지 같은 존재였다. 삼촌이 아니었다면 나는 아직까지도 그저 장사꾼에 지나지 않았을 것이다. 삼촌을 생각하니 가슴이 먹먹해졌다.

로마에서도 바울과 베드로가 유대인이 아닌 로마인에게, 그것도 종교적인 문제가 아니라 정치적이고 사회적인 문제로 순교를 당했다. 다른 곳에서는 그리스도인들이 신앙적인 갈등으로 유대인이나 토착민에게 죽임을 당했지만, 로마에서는 정치가들이 자기들의 이익을 위해 그리스도인들을 악용했다. 나는 그동안 계속 로마에 있는 바울에게 물질적인 후원을 해왔다. 그래서인지 바울은 여기저기서 나를 언급했다.

그나마 반가운 소식은 베네치아가 안정적으로 잘 성장하고 있다는 것이었다.

알렉산드리아도 분위기가 심상치 않았다. 각 가정을 중심으로 세례받는 사람이 늘어나자 유대인들과 기득권을 가진 유력자들이 그리스도인들을 경계하기 시작했다.

"마가 님!"

아니아노가 심각한 얼굴로 찾아왔다.

"지금 유대인들이 마가 님을 죽일 계획을 짜고 있습니다."

아니아노는 이곳의 모든 소식에 정통했다. 아니아노가 그렇다면 그런 것이었다.

"나는 죽는 것이 두렵지 않다. 우리 선조들로부터 지금까지 하늘나라에서 보낸 사람들의 핏값이 얼마나 쌓였겠느냐? 그것도 모자라 주님이 친히 이 땅에 오셔서 속죄제물이 되어 십자가에서 피를 흘리시지 않았느냐? 순교의 피는 하나님의 뜻이 하늘에서와 같이 이 땅에서도 이루어지게 하는 거름이 될 것이다. 우리의 죽음은 일시적이요, 예수의 부활처럼 영생이 기다리고 있는데 무엇이 두렵겠느냐? 그래서 너에게 한 가지 부탁을 하고자 한다. 너는 유대인이 아닌 데다 이곳에서 명망도 있으니, 유대인들이 너는 어찌지 못할 것이다. 그러니 이 집과 가게를 온전히 주를 위해 사용하거라. 이곳에 교회를 세우고, 애굽과 알렉산드리아의 그리스도인들을 돌보거라. 무엇보다 너 자신이 먼저 늘 주의 가르침 배우기를 힘쓰고, 속된 세상에서 벗어나 거룩하고 경건하게 살기 위해 노력해라. 그리고 이 집 여자아이를 네 아내이자 동역자로 삼아라. 너를 잘 도와줄 주님의 선물인 것 같구나."

"마가 님이 안 계시면 제가 어찌 이 일을 혼자 감당할 수 있겠습니까? 잠시 피해 있다 오시면 안 되겠습니까?"

"나는 예수님이 이 땅에서의 마지막 날 십자가 죽음을 피하거나 제자들을 나무라지 않고 홀로 묵묵히 그것을 감당하시는 것을 직접 보았다. 베드로가 박해를 피해 로마를 떠날 때 예수님이 나타나셔서 그가 버린 로마로 가 그를 대신해 죽겠다고 하셔서, 화들짝 놀란 베드로가 로마로 돌아가 순교를 했다는구나. 나도 내가 피한다고 피할 수 있는 일이 아닐 것 같다. 그리고 나보다 모든 지각에 뛰어난 성령께서 너를 이끌어주실 것이다."

알렉산드리아 디아스포라 유대인들이 나를 잡기 위해 결사대를 조직하고, 곳곳에 나의 동태를 살피기 위해 사람들을 풀어놓았다.

이 땅에서의 마지막 날을 앞두고 감람산에 올라 간절히 기도하셨던 예수님처럼, 나도 기도하기 위해 바다가 보이는 곳에 올라 떨어지는 해를 바라보았다. 바다를 바라보고 태어나, 바다를 벗 삼아 자라고, 바다 위를 다니다, 이제는 바다를 바라보며 나의 마지막이 다가옴을 느끼고 있었다. 나는 마음을 모아 내 생애 마지막일 수도 있는 기도를 드렸다.

어느새 아니아노가 올라와 내 곁에 있었다. 밑에서 유대인들이 지키고 있다고 했다. 이제 빠져나갈 길은 없었다. 예수께서 잡히셨듯 나도 이제 잡히겠구나….

"아니아노야! 너에게 다시 한번 이후의 일을 부탁한다!"

안심이 되는 것은 아니아노가 이방인이라는 것이었다. 로마법은 각 민족의 자치법을 허용하기에 같은 민족 내에서의 분쟁이나 다툼은 자기들끼리 해결하도록 했지만, 다른 민족 간의 분쟁에는 철저히 개입해 직접 처벌했다. 따라서 유대인은 이방인인 아니아노를 함부로 건드릴 수 없었다. 만약 그들이 아니아노를 해치면 로마 당국이 나서서 그들을 처벌할 것이기에 아니아노는 유대인에게서 자유로웠다.

나는 아니아노와 같이 산에서 내려왔다. 한 무리의 유대인이 우리를 둘러쌌다. 나는 아니아노와 포옹한 뒤 그의 머리에 손을 얹고 잠시 기도했다. 건장한 유대 청년들이 우리를 떼어내고 나를 붙잡아갔다.

유대인 구역에 잡혀간 나는 그들을 찬찬히 바라보며 허리를 굽혀 손가락으로 땅바닥에 이렇게 썼다.

'하나님, 이들을 용서하소서. 이들은 자기들의 죄를 알지 못합니다.'

그리고 그들의 심문이 시작되었다. 나는 하늘을 바라보았다. 하나님의 영광이 빛나는 가운데 예수께서 나를 내려다보고 계셨다. 나는 힘을 내 그들에게 하늘나라 소식을 전했다. 그리고 예수가 그리스도라고 말했다. 내 소명은 여기까지였다.

미주

1 마가의 죽음에 관한 정확한 기록은 없다. 다만 순교했다는 전승과 콥틱 교회 문헌에는 이도교에게 순교했다는 기록이 있다. 그러나 이 이도교가 당시에 그리스도인들과 가장 대척점에 있던 유대인들이라고 가정을 해본다. 예수가 유대인들의 메시아인가? 그것을 유대인들이 부정한다면 유대인의 가장 큰 적은 그리스도인들이기 때문이다.

2 어릴 적 병이 났었다. 그때 이런 꿈을 꾸었다. 어린 마음에도 저기에 떨어지면 안 되겠다는 마음이 간절했다.

3 마가의 출생지에 관해서는 정확한 기록이 없다. 예루살렘에서 출생했다고 보는 견해도 있고, 알렉산드리아 또는 북아프리카에서 출생했다고 보는 견해도 있다. 같은 성씨들이 마을을 이루고 살았던 우리나라의 집성촌처럼, 고대부터 유대인들은 친인척을 중심으로 공동체를 이루고 살았다(수 13-21장). 이러한 혈연관계 중심의 공동체는 바벨론 포로기 이후 약화되었지만, 새로 생겨난 디아스포라라는 공동체도 자연스레 혈연관계가 중심이 되었다. 에스더와 모르드개의 관계도 혈연관계에서 파생된 것으로, 조부는 동일하지만 부모는 다른 모르드개가 에스더의 양부 역할을 한 것이다. 이러한 관계는 유대 사회에서 흔해 신약 시대까지 이어지는데, 여기서 마가와 바나바의 관계도 유추해 볼 수 있다. 성경에서 바울이 마가를 바나바의 생질이라고 했고(골 4:10), 바나바는 구브로

출신이라고(행 4:36) 했으니, 유대인들의 지역적, 혈연적 관계를 고려해 볼 때 마가의 출생지는 바나바와 동일한 구브로로 생각해 볼 수 있다. 그런데 마가가 예루살렘에서 100명이 넘는 인원을 수용할 수 있는 큰 이층집에 산 것으로 보아, 그는 부자였던 것 같다. 성경에 마가의 아버지에 대해서는 언급이 없으나, 어머니는 마리아라고 분명히 언급되어 있다(행 12:12). 그렇다면 어떻게 마가와 그 어머니 마리아는 부자가 되었을까? 당시 지중해 연안과 섬들은 해상무역으로 크게 번성했다. 마가의 집이 부자였다면, 아마도 마가의 부친은 무역상이었을 가능성이 높다고 상상해 볼 수 있다. 그것도 성공한 무역상이었을 것으로 가정해 볼 수 있다. 구브로섬은 오늘날 키프로스섬으로 지중해 세계에서 전략적으로나 경제적으로 중요한 곳이었다. 지중해 동부의 무역 중개 지역 역할을 했으며, 소아시아와 지중해 연안 도시들과 이집트, 에게해 등을 연결하는 무역의 요충지였다. 고대부터 구리가 생산되어 청동기시대의 발상지이기도 하며, 구브로란 이름 자체가 구리(copper)의 어원이 되었다. 창세기 10장 4절, 민수기 24장 24절, 이사야 23장 1절, 예레미야 2장 10절, 다니엘 11장 30절 등에서 언급되는 '깃딤'이 구브로라고 본다. 즉, 구브로섬은 동지중해의 중요한 섬이었으며, 이스라엘 입장에서는 서쪽의 강력한 해상 세력이었다.

4 요세푸스의 기록에 따르면, 당시 유대인들과 로마 간의 갈등 상황은 다음과 같다.

"갈릴리 유다 사람이 유속스의 아들 사두와 함께 백성을 선동해, 조세를 내는 것은 노예 상태임을 뜻하며 하나님 외에 다른 주인을 섬기는 것은 불법이라고 주장했다. 이들의 운동은 많은 동조자를 모았고, 후에 큰 불행의 씨가 되었다"(《유대 고대사》, 18.1.1.).

여기서 갈릴리의 유다는 사도행전 5장 37절에 나오는 인물로, 세금 거부 운동과 무력 저항을 주도했으며 열심당의 기원이 되었다. 갈릴리 지방의 세금 거부 운동은 예수와 그 가족과 친척들에게도 영향을 주었을 것이다.

"이들 강도들은 무리를 모아 로마의 보급로와 도시를 습격했고, 산속으로 달아나 로마 군인들을 괴롭혔다"(《유대 전쟁사》, 2.118.).

"가장 사악한 시카리 무리들은 작은 단검을 숨겨 사람들 사이에 섞여 들어가 대낮에 사람을 찌르고 도망쳤다. 희생자는 갑자기 쓰러졌고, 범인은 찾을 수 없었다(《유대 전쟁사》, 2. 254-257.).

마가복음 15장 7절에서 언급되는 바라바는 이러한 강도나 시카리 무리와 연관된 것으로 보인다.

5 '디아스포라'는 '흩어짐'이란 뜻의 헬라어다. 유대인들이 고향 땅 밖으로 흩어져 살게 된 현상을 가리키는 역사적·사회적 개념이다. 유다가 바벨론에 멸망하면서(BC 586) 많은 유대인이 포로지로 끌려간 것이 그 기원이다. 그 전에도 북이스라엘 멸망(BC 722) 후 그곳 사람들이 포로지로 끌려가고 흩어졌지만 조직적이지는 않았다. 바벨론을 피해 이집트로도 많이 이동했으며, 후에는 상업과 교역을 위한 자발적인 이주도 이루어졌다. 그리하여 소아시아, 시리아, 그리스 등 로마에도 수만 명의 유대인이 거주했다고 한다. 이들 유대인들은 회당을 중심으로 공동체 생활을 했으며, 율법과 할례를 지키고 안식일을 준수하며 자신들의 정체성을 지키려고 노력했다. 사도행전 2장 5-11절에서 언급되는 유대인들이 디아스포라 유대인들이다. 디아스포라 유대인들은 초기 그리스도교 확산에 큰 영향을 끼쳤다.

6 예루살렘의 제1성전은 솔로몬 성전이다. 기원전 10세기에 솔로몬이 건축했으나, 기원전 586년 바벨론에 의해 파괴되었다. 제2성전은 스룹바벨 성전으로, 바벨론 포로 귀환 후 기원전 516년에 지어졌다. 이후 기원전 20년경에 헤롯 대왕이 규모를 크게 확장하고 장엄하게 재건축했으

나, 완공은 기원후 63년경에 이루어졌다. 그러나 이 또한 기원후 70년에 로마 장군 티투스에 의해 철저히 파괴되었다. 유대 역사가 요세푸스는 당시의 성전이 금과 흰 돌로 장식되어 멀리서 보면 눈부시게 빛났다고 기록하고 있다. 복음서에도 예수의 제자들과 유대인들이 성전의 위용을 자랑하는 장면이 나온다(마 24:1; 막 13:1; 눅 21:5).

7 메시아 예언 중에는 다음과 같은 이사야의 예언이 대표적으로 거론된다.
"보라 처녀가 잉태하여 아들을 낳을 것이요 그의 이름을 임마누엘이라 하리라"(7:14).
"이는 한 아기가 우리에게 났고 한 아들을 우리에게 주신 바 되었는데 그의 어깨에는 정사를 메었고 그의 이름은 기묘자라, 모사라, 전능하신 하나님이라, 영존하시는 아버지라, 평강의 왕이라 할 것임이라 그 정사와 평강의 더함이 무궁하며…"(9:6-7).
"이새의 줄기에서 한 싹이 나며 그 뿌리에서 한 가지가 나서 결실할 것이요 그의 위에 여호와의 영 곧 지혜와 총명의 영이요 모략과 재능의 영이요 지식과 여호와를 경외하는 영이 강림하시리니"(11:1-2).
이 외에 고난 받는 종으로서의 메시아, 즉 메시아의 대속적 고난과 죽음을 예언한 53장이 있다.

8 아우구스투스 황제 사망(AD 6) 이후, 로마가 유대를 속주로 편입하고 인구조사를 시행하고 세금을 부과하자 갈릴리 지방에서 반란과 봉기가 일어났다. 그러나 로마 총독 키레니우스에 의해 잔혹하게 진압되어 갈릴리 지방의 분위기는 어둡고 침울하며 뒤숭숭했다. 사도행전 5장 37절에서 언급된 갈릴리의 유다가 그 주동자이고, 이로 인해 '젤롯'이라고 하는 열심당이 형성되었다. 이러한 때에 예수는 어린 시절과 청년기를 보내며 갈릴리에서 공생애를 시작한다. 이런 상황에서 바리새인들과 헤롯 당원들이 예수를 정치적으로나 신앙적으로나 곤란에 빠뜨리기 위해 가

이사에게 세금을 바치는 것이 옳은지 물어본 것이다. 즉, 세금 징수라는 사회적으로 민감한 문제를 들고 나와 갈릴리에서 성장한 예수를 자극하며 로마 권력과 민족 해방 운동 사이에서 선택을 강요한 것이다. 그들은 예수가 어느 한쪽에 서기를 바랐다. 그러나 예수는 그들의 속셈을 간파하고 가이사의 것은 가이사에게, 하나님의 것은 하나님께 바치라며 나무라는 듯 대답하셨다. 로마에 대한 저항을 선동하지 않으면서 덧붙여 하늘나라 이야기를 하신 것이다.

9 열왕기상 17장 17-24절에는 엘리야가 사르밧 과부의 아들을 살리는 장면이 나온다. 열왕기하 4장 18-37에서는 엘리사가 수넴 여인의 아들을 살린다.

10 막 14:13-14 참조. 당시 유대인 관습상 남자가 물동이를 가지고 간다는 것은 특이한 행동으로 쉽게 눈에 띌 수 있었다. 이때 예루살렘에는 산헤드린 공회나 제사장, 바리새인, 서기관 등의 견제로 공공연하게 예수를 따르지는 못하지만, 암묵적으로나 은밀하게 예수를 믿는 사람들이 있었을 것이다. 그리고 그들은 서로 암호적인 수단을 통해 예수의 사역을 도왔을 것이다. 따라서 물동이를 든 남자는 바나바일 수도 있다.

11 예수의 성전 정화 사건은 신약성경 사복음서에 모두 기록되어 있는 중요한 사건이다. 당시 예루살렘 성전에서는 유월절 등 유대인의 절기에 제사를 드릴 때 돈으로 필요한 희생제물을 사서 의식을 행했다. 성전에서 멀리 떨어진 곳에 살고 있는 경우 직접 희생제물을 가져올 수 없었기 때문이다. 또 성전에는 환전상도 있었는데, 로마 화폐로는 로마 황제의 형상이 그려져 있어 성전세를 낼 수 없기에 유대 화폐로 환전을 해야 했기 때문이다. 이 과정에서 상인들은 큰 이익을 남겼고, 그 이익은 고스란히 제사장이나 서기관들의 몫으로 넘어갔다. 이러한 상황에서 예수가 상인들을 쫓아내며 장사를 못 하게 했으니, 제사장과 서기관들에게 자

신을 죽일 명분을 하나 더 추가해 준 셈이 되었다. 우리말 성경과는 다르게 헬라어 원문에서는 격렬한 몸싸움과 거친 언어가 난무하는 아수라장이었다고 표현한다. 성경은 예수께서 히브리 성경을 기초로 논리적인 말로 상인들과 제사장들을 물리친 것으로 기록한다(참조. 막 11:17-18).

12 예수를 비롯한 그의 제자들은 모두 갈릴리 출신으로, 행색이나 사용하는 지방 언어 등으로 예루살렘 사람들과 구분이 가능했을 것이다. 다만 가룟 유다는 남유다 출신으로 본다. 저항 의식이 강한 갈릴리의 한 무리에 들어갔던 가룟 유다는 예수의 힘으로 유다가 독립하기를 원했는지도 모른다. 그러나 홀로 유다 남부 출신인 그는 정서적으로나 사상적, 문화적으로 그리고 학문적으로도 제자 무리에서 소외되었을 것이다. 그가 어떻게 예수의 제자가 되어 그와 동행하며 결국은 예수를 팔아넘겼는지는 매우 흥미로운 주제다.

13 행 4:36-37 참조.

14 행 2:1-41 참조.

15 행 12:20-23 참조. 유대 역사가 요세푸스가 《유대 고대사》에 이 사건에 관해 다음과 같은 내용의 기록을 남겼다. 헤롯 아그립바가 가이사랴에서 은빛 옷을 입고 연설할 때 햇빛이 옷에 반사되어 빛나자 사람들이 신처럼 칭송했다고 한다. 그 후 극심한 복통으로 다섯 달 동안 고통받다가 죽었다고 한다. 그러나 성경은 헤롯이 두로와 시돈 사람들과 갈등 관계에 있었고, 그 원인은 알 수 없으나 헤롯이 두로와 시돈 사람들에 대해 대단히 노여워했다고 기록하고 있다. 그 결과 아마도 헤롯이 그들에게 식량을 공급하지 않은 것으로 묘사되고 있다. 이에 시돈과 두로 사람들이 헤롯의 침실을 관리하는 블라스도를 설득해 화목을 청했다고 했는데, 이는 블라스도를 매수해 헤롯을 독살한 정황으로 보인다. 아마도

의사 누가는 헤롯의 갑작스러운 죽음이 우연이 아니라는 것을 짐작했음에도 그 사실이 미칠 파장을 고려해, 사실적 기록보다는 하나님의 관점에서 헤롯의 죽음을 기록하고 싶었을 것이다.

16 바울은 로마서와 갈라디아서에서 인간의 죄와 구원에 관해 자세히 논하고 있다.

17 플라톤의 사상은 이원론적 세계관에 바탕을 둔 이데아론이다. 이에 따르면, 감각으로 접하는 세계는 끊임없이 변하며 불완전하다. 진정한 실재는 변하지 않는데, 이것이 이데아의 세계다. 즉, 실재로서 변화되는 아름다운 꽃은 사라지지만, 아름다움 그 자체는 사라지지 않는다는 것이다. 그는 사라지지 않는 이것을 이데아라고 하며, 철학자는 현상적인 감각의 세계를 넘어 이데아를 인식해야 한다고 말했다. 바울 시대에 이러한 플라톤의 사상에 영향을 받지 않은 철학자는 없었다.

18 복음서의 예수를 보면 철저한 이원론적인 세계관을 가지고 있다. 제자들과 바리새인, 제사장, 서기관, 사두개인, 로마인, 니고데모, 우물가의 여인 등과의 현실적인 세속의 문제를 예수는 하늘나라의 복음으로 대체하고 있다. 죄의 대속도 현실적인 제물이 아니라 믿음이란 형이상학적인 영역으로 옮겨 간다. 초월적이고 보이지 않는 하나님의 세계가 보이는 세계를 지배하는 주종관계를 이루는 것이다.

19 알렉산드리아의 필로는 유대인 철학자로, 플라톤 철학과 유대교 성경을 접목해 훗날 기독교 사상에 큰 영향을 끼친 인물이다. 그의 영향으로 클레멘스, 오리겐, 아우구스티누스로 이어지는 교부 신학이 알렉산드리아에서 형성되었다.

20 사도행전 22장 28절에서 천부장이 자기는 많은 돈을 들여 로마 시민권을 얻었다고 하자, 바울은 자기는 나면서부터 얻었다고 말한다. 이는 그

의 아버지가 로마 시민권을 가진 영향력 있는 사람이었음을 말해준다. 그의 아버지는 유대인이지만 로마에 공을 세웠거나 친(親)로마적인 사람으로, 바울도 장래를 위해 외적으로는 로마인이 되기를 원했는지도 모른다.

21 행 9:3-6, 26:12-18; 갈 1:11-16; 고전 9:1, 15:8 참조. 바울은 역사적으로나 사실적으로는 예수와 직접 대면한 적이 없다. 그러나 성경은 그가 부활하신 예수를 계시적으로 만나면서 회심하게 된 것을 역사적 사실로 기록하고 있다.

22 롬 3:23-26 참조. 새번역 성경은 이 구절을 다음과 같이 번역한다.
"모든 사람이 죄를 범하였으므로 하나님의 영광에 이르지 못합니다. 그러나 사람은 그리스도 예수 안에 있는 속량을 힘입어서 하나님의 은혜로 값없이 의롭게 하여 주심을 받았습니다. 하나님께서 이 예수를 사람에게 속죄제물로 내주셔서 그 피로 말미암아 믿음으로 받게 하셨습니다. 하나님께서 이렇게 하신 것은 전에는 참으시는 마음으로 죄를 용서하지 않고 그냥 넘어가심으로써 자기의 의로우심을 나타내려 하신 것이요 지금 이때에 자기의 의로우심을 나타내셔서 자기가 의로우심과 동시에 예수를 믿는 사람을 의롭게 하려 하신 것입니다."

23 사도행전 13장 10-11절
"이르되 모든 거짓과 악행이 가득한 자요 마귀의 자식이요 모든 의의 원수여 주의 바른 길을 굽게 하기를 그치지 아니하겠느냐 보라 이제 주의 손이 네 위에 있으니 네가 맹인이 되어 얼마 동안 해를 보지 못하리라 하니 즉시 안개와 어둠이 그를 덮어 인도할 사람을 두루 구하는지라."

24 당시 여리고는 예루살렘과 요단 건너편으로 나가는 길목이자, 갈릴리와 데카폴리스 등 지방으로 가는 교통의 요지였다. 이에 자연스럽게 상업

과 무역의 도시가 되었으며, 헤롯 대왕이 이곳에 겨울궁전을 짓기도 했다. 또 요세푸스 기록에 따르면, 제사장과 레위인이 많이 사는 부유한 도시였다고 한다. 그런데 여리고로 가는 길은 황량해 강도가 자주 출몰하고 제사장과 레위인들의 왕래도 빈번해, 예수의 선한 사마리아인 비유는 이러한 도시적 배경이 바탕이 된 것이다.

25 일부 가설과 전승에 근거해, 비시디아 안디옥 근처 얄바츠 지역 박물관에서 서기오 바울의 비문이 발견된 것을 두고, 서기오 바울이 비시디아 안디옥에서 토지나 재산을 보유했거나, 그의 가족이 그 지역에 거주했을 가능성을 제기하기도 한다. 그래서 비시디아 안디옥의 자기 가족과 친척들에게도 복음을 전해달라고 요청했을 가능성도 있다고 한다. 그러나 이러한 주장의 명문 증거는 불확실하고, 학계는 아직 이에 대해 논쟁 중이다. 성경에서 서기오 바울의 회심은 바울의 선교 여행에서 중요한 기점이 된다. 로마 고위 관리가 처음으로 바울에 의해 회심함으로 복음이 본격적으로 이방 세계, 로마 세계로 퍼져 나가게 되었으며, 이후 사울이 바울로 불리기 시작했기 때문이다.

26 유대 역사가 요세푸스에 의하면, 각 유대 종파는 다음과 같은 특징이 있다.
1. 바리새파는 율법과 전통을 엄격히 지키고, 부활과 영적 존재를 믿었다. 주로 평민과 서기관, 회당 지도자층에서 지지했으며, 바울도 바리새파 출신이었다.
2. 사두개파는 다윗과 솔로몬 시대 대제사장 사독을 그 뿌리로 하고 있으며, 성전 제사와 제사장 중심 체제를 중시했다. 부활이나 영적 개념을 부정했으며, 자유의지를 강조했다. 귀족과 대제사장, 정치지도자층이 주류를 이루었다.
3. 에세네파는 금욕적인 삶을 추구하고, 율법을 엄격히 준수했다. 종말론적 사상이 강해, 곧 하나님의 심판이 임할 것이라고 믿었으며, 사두개

인들이 부정한 천사와 악령의 실재를 인정했다. 주로 광야에서 공동체 생활을 했고, 재산은 공동으로 소유했다. 정결 의식을 강조했으며, 자발적 독신자가 많았다.

4. 젤롯당이라고도 하는 열심당은 로마의 지배에 강력히 저항한 민족주의 종파였다. 하나님 외에 다른 주권을 거부하며 로마 황제 숭배나 세금 납부를 반대했다. 게릴라식 암살과 테러를 자행하는 '시카리'라고 하는 비밀 조직이 있었다.

5. 이 외에 사마리아인들과 세례 요한, 그리고 기독교로 발전하기 전 초기 예수 운동의 예수 추종자들도 분파로 분류하기도 한다.

27 벧전 5:13 참조. 파피아스나 이레니우스 등의 전승에 의하면, 마가는 베드로의 영향으로 마가복음을 기록했다고 한다. 현재는 마가가 베드로의 증언을 바탕으로 했다 해도 자신의 문학적, 신학적 편집과 해석을 더했다고 보는 견해가 많다.

28 바울은 플라톤적 사상을 바탕으로 하면서도 아리스토텔레스의 '현상 안의 본질' 개념을 배제하지 않았다. 여기에 예언자적 히브리 사고를 더해 독특한 신관을 정립했다. 즉, 이데아는 인간이 추구하는 것이 아니라 하나님의 선물이며, 사물에 내재되어 있는 본질도 하나님의 섭리라는 것이다. 하나님은 예수를 이 땅에 보내 죄를 걷어냈다. 그래서 예수를 믿음으로 하나님의 세계에 들어가면 구원은 은혜로 이루어진다는 것이다. 그는 이 모든 것을 이끄는 것은 사람이나 현상이 아니라 성령이라고 말했다.

29 사마리아인은 북이스라엘인의 후손으로, 주전 722년 북이스라엘이 앗수르에 멸망한 후 이방인과 섞여 혼혈 민족을 이루며 독자적인 종교 전통을 가지게 되었다. 이들은 모세오경만을 정경으로 인정하고, 예루살렘이 아닌 그리심산을 성소로 여겼다. 요한복음 4장에서 사마리아 여인

이 예수께 "우리 조상들은 이 산에서 예배하였는데 당신들의 말은 예배할 곳이 예루살렘에 있다 하더이다" 하고 말하는 대목에서 '이 산'은 그리심산을 가리키는 것이다. 유대인은 사마리아인을 혼혈 민족이라 하여 천대시했으며, 그들의 땅을 지나가는 것도 꺼렸다. 그러나 예수는 이러한 사마리아인들을 포용하며 그들에게도 동일한 구원이 주어진다고 말했다. 또 선한 사마리아인 비유에서 '이 강도 만난 자의 이웃이 누구냐'라는 질문을 통해 선한 사마리아인이 그들의 이웃이라는 대답을 유도해 냈다.

30 구브로에 '바울의 채찍 기둥'이라 불리는 유적이 있는데, 전승에 따르면 바울이 여기에 묶여 채찍에 맞았다고 한다. 그러나 성경에는 그런 기록이 없다.

31 성경에 나사로가 구브로에 가서 살았다는 기록은 없다. 그러나 890년경 구브로 라르나카 지방의 한 무덤에서 '예수의 친구'라고 적힌 비문이 발견되어 그 무덤을 나사로의 무덤으로 공인하고, 그곳에 교회를 세워 기념하고 있다. 요한복음 11장 11절에서 예수께서 나사로에 대해 직접 '친구'라고 언급하고 있어, 이를 근거로 이 무덤을 나사로의 무덤으로 보는 것이다. 그의 유해 일부가 먼저 콘스탄티노플로 옮겨졌고, 이후 1204년 제4차 십자군전쟁 때 다시 베네치아로 옮겨졌다고 한다. 1972년에 라르나카 나사로교회 지하에서 사람의 뼈 일부가 발견되어 이를 나사로의 뼈로 공인하고 성스러운 유물로 보존하고 있다. 오늘날도 부활절 전 토요일을 '나사로 축일'로 기념하며 대규모 행사를 한다. 라르나카 도시는 이 전승 덕분에 성 나사로의 도시라고 불리고 있다. 그러나 성경의 나사로와 라르나카의 나사로를 동일 인물로 보는 것은 역사적으로 신빙성이 낮다고 보는 학자가 많다.

32 마가복음의 기록 장소에 대해서는 많은 논쟁이 있다. 전통적인 견해는

초기 교부 시대부터 내려온 것으로 로마에서 기록했다고 보는 것이다. 이는 마가복음에 라티니즘(Latinism)이 존재한다는 것에 근거한다. 그러나 마가가 알렉산드리아 출신이라는 후대의 전승에 따라 시리아 또는 안디옥을 기록 장소로 보기도 한다. 이는 마가복음이 헬라적인 것과 유대적인 것이 혼합된 특성이 강하고, 시리아 등 제국 동부 지역 교회들과 문서를 교류했던 상황을 근거로 한다. 최근 일부 학자들은 문체적, 신학적, 사회적 문맥상 로마보다는 로마 동부 지역일 가능성이 더 높다고 주장하고 있다.

33 "우리의 연수가 칠십이요 강건하면 팔십이라도 그 연수의 자랑은 수고와 슬픔뿐이요 신속히 가니 우리가 날아가나이다"(시 90:10). 시편 90편은 모세의 기도로 인간 존재의 근본적인 문제에 대해 이야기하고 있다.

34 에우세비우스의《교회사》에 의하면, 마가는 알렉산드리아에서 복음을 전했고, 그곳에 오래 머물며 첫 번째 주교로 아니아노라는 사람을 세웠다고 한다. 또 다른 콥틱 전승에 따르면, 마가가 알렉산드리아 거리를 걸을 때 신발끈이 끊어져 구두 수선공 아니아노의 가게에 들렀다가 그에게 복음을 전했는데, 그와 그 가족이 세례를 받아 알렉산드리아 최초의 신자 공동체가 되었다고 한다. 그리고 이후 아니아노가 마가의 뒤를 이어 주교가 되었다고 한다.

35 행 7장 참조. 스데반은 예루살렘 회당에서 유대 사람들과 논쟁을 벌이다 모세와 하나님을 모독했다는 누명을 써 돌에 맞아 죽게 된다.

36 "그런즉 이스라엘 온 집은 확실히 알지니 너희가 십자가에 못 박은 이 예수를 하나님이 주와 그리스도가 되게 하셨느니라 하니라"(행 2:36). 이는 베드로가 오순절에 성령을 받은 후 군중에게 설교한 내용이다. 마가도 유대인들에게 같은 말을 반복했다.

37 이러한 신관은 그리스도 안에서 신성과 인성이 하나의 본성으로 연합되었다는 단성론을 주장하게 한다. 그러나 동로마 교회와 로마 가톨릭 등 다수의 교회는 예수 그리스도는 인성과 신성의 두 본성을 가졌으며, 이 두 본성은 혼합되지 않고 분리되지 않으며 나누어지지 않는다는 양성론을 받아들였다. 그리고 결국 451년 칼케돈 공의회에서 단성론을 이단으로 규정했다. 그러나 20세기에 들어와서는 단성론이 기독론의 근본적인 부분에서 다른 것이 아니라 표현이 다른 것일 뿐이기에 이단으로 볼 수 없다는 인식이 퍼지고 있다.

소설 마가

1판 1쇄 인쇄 _ 2025년 12월 25일
1판 1쇄 발행 _ 2025년 12월 30일

지은이 _ 김성우
펴낸이 _ 이형규
펴낸곳 _ 쿰란출판사

주소 _ 서울특별시 종로구 이화장길 6
편집부 _ 745-1007, 745-1301~2, 747-1212, 743-1300
영업부 _ 747-1004, FAX 745-8490
본사평생전화번호 _ 0502-756-1004
홈페이지 _ http://www.qumran.co.kr
E-mail _ qrbooks@daum.net / qrbooks@gmail.com
한글인터넷주소 _ 쿰란, 쿰란출판사
페이스북 _ www.facebook.com/qumranpeople
인스타그램 _ www.instagram.com/qrbooks
등록 _ 제1-670호(1988.2.27)
책임교열 _ 이주련·최은샘

© 김성우 2025 ISBN 979-11-24013-26-7 03230

책값은 뒤표지에 있습니다.
이 출판물은 저작권법에 의해 보호를 받는 저작물이므로 무단 복제할 수 없습니다.
파본(破本)은 구입처에서 교환해 드립니다.